49.3, 47-1, 40...
CONTRE-POUVOIR EN DANGER

Philippe QUÉRÉ
Illustré par Jacques VANNI

49.3, 47-1, 40...
CONTRE-POUVOIR EN DANGER

Max Milo

© Max Milo, Paris, 2023
www.maxmilo.com
ISBN : 9782315012046

DU MÊME AUTEUR

L'adolescence, un enjeu politique
Avec Dominique RAIMBOURG
Éditions de la Fondation Jean Jaurès

La force (possible) du Parlement
Co-dirigé avec Dominique RAIMBOURG
Édition de l'OURS

Pour contacter l'auteur :
www.laloipourtoustouspourlaloi.blog

« Les morts (…) instruisent les vivants »

CHATEAUBRIAND

À la mémoire de

Hélène QUÉRÉ
Anne-Marie MEREL
Christophe GUÉNA
et de mes grands-parents

Sommaire

Du même auteur 7

A voté ! Et après ? 15

PARTIE I : LES COMBATS ENTRAVÉS DE L'INITIATIVE PARLEMENTAIRE 25

Des principes de la démocratie portés... seule 27
    La déontologie 30
    La proximité 35
    L'indépendance 37
    Le pluralisme 40
    La transparence 42
    L'ouverture 52
    Démocratiser l'Europe 54
    Conclusion 58

La faiblesse de l'Assemblée nationale 63
    577 députés : le compte est bon ? 66
    577 députés... et qui d'autre ? 69
    Les commissions : si essentielles, si peu 71
    Conclusion 83

Le Gouvernement, maître des horloges 85
   L'ordre du jour, domaine presque réservé 89
   Le Gouvernement, réducteur de temps 95
   Conclusion 97

Des pouvoirs équilibrés ? 101
Les députés entravés 105
   De « grandes » et de « petites » lois 105
   Le droit d'amendement 114
   La censure de la « recevabilité » 117
Les jokers du Gouvernement 121
   Des ordonnances qui ne soignent pas la démocratie 121
   Amendements hors délais 122
   Le pouvoir de faire revoter 124
   Vote bloqué 124
   49.3 : L'Assemblée nationale n'existe plus 125
   Conclusion 126

PARTIE II : RECONSTRUIRE LA MAISON DU PEUPLE ! 129

La fabrique de la loi ! 131
   Le dépôt 134
   Passage en commission(s) 136
   La mi-temps 146
   L'examen du texte en séance 147
   Lecture, lecture, lecture... entonnoir et conclave ! 152
   La porte étroite du Conseil constitutionnel 156
   Conclusion 157

Contrôler et évaluer : l'« œil du peuple » ! 161
    Évaluer les politiques publiques 164
    Le Gouvernement mis à la question 165
    Des missions pour s'informer 168
    L'application et l'évaluation de la loi 169
    Vote et contrôle des impôts et du budget 170
    Quand les députés mènent l'enquête 174
    Limitation du droit de contrôle 180
    Des sessions extraordinaires qui coupent court au contrôle 181
    Prenons de bonnes résolutions 182
    L'expertise concurrente 185
    Conclusion 186

Vers le Règlement citoyen de l'Assemblée nationale 191
    Référendum... La souveraineté populaire retrouvée ? 194
    La bonne vieille pétition 196
    Les « citoyens-législateurs » 200
    Le Règlement citoyen de l'Assemblée nationale 202
    Ils peuvent vous accompagner, vous renseigner, vous informer 225

Comment fabriquer de la représentation démocratique ? 227

A VOTÉ ! ET APRÈS ?

Colères passagères ou enracinées, résignations cachées dans l'abstention, ressentiments accumulés... Autant de déceptions et ruptures qui viennent contester les promesses de notre République.

Face à ce système politique dans lequel «beaucoup de citoyens ne se reconnaissent plus», la tentation est réelle de se débarrasser des élus et des institutions. Et de reporter nos aspirations et espoirs citoyens vers l'horizon d'une démocratie «directe» ou des régimes alternatifs, pour ne pas dire autoritaires.

Dans ces pages, je souhaite partager mon expérience de plus de seize années de travail en tant qu'attaché parlementaire auprès de deux députés de l'Assemblée nationale. Comme «petite main», en fond de cale de cette institution, j'ai couvert l'ensemble du spectre de cette dernière : j'ai travaillé au sein de la majorité, dans l'opposition, à la présidence d'une commission, ou encore auprès d'un groupe parlementaire. J'ai ainsi pu observer les pratiques de l'Assemblée, son organisation et son fonctionnement réel sous tous les angles. Son rôle pour essayer de tenir la fragile et pourtant si essentielle division des pouvoirs, nécessaire à toute forme de démocratie.

Pendant ces seize ans, j'ai en particulier été frappé par la faiblesse de l'Assemblée nationale et son âpre résistance face au pouvoir exécutif.

Si la démocratie se caractérise par le fait que les représentants sont soumis au jugement populaire par le vote et l'élection, nous avons appris avec Montesquieu que cela ne saurait suffire. Pour que des institutions soient démocratiques, il convient qu'elles organisent la division, l'équilibre et le contrôle des pouvoirs.

Or, à mon grand étonnement, nous sommes loin du compte. L'Assemblée nationale se fait imposer l'essentiel de son ordre du jour par le pouvoir exécutif, qui, de plus, peut faire le choix des délais qu'elle aura pour mener ses travaux et limiter d'autant plus sa capacité à lui donner le change. Une Assemblée nationale que la Ve République a prétendue « rationaliser », mais dont on peut se demander si, finalement, elle n'est pas purement et simplement rationnée, avec la limitation du nombre de ses commissions (organes essentiels à la conduite de ses travaux), un droit d'amendement des députés amputé, la quasi-impossibilité pour les députés de faire examiner leurs propres propositions de loi, la limitation des pouvoirs de contrôle, *etc.*

De son côté, le pouvoir exécutif peut, quant à lui, empiéter sur le domaine législatif, normalement le domaine du Parlement auquel la Constitution confie notamment la mission de « voter la loi », en prenant des ordonnances. Le Gouvernement dispose d'un droit d'amendement presque sans limite. Le président de la République peut demander à ce qu'un vote soit refait si le résultat du premier ne lui convient pas. Le pouvoir exécutif peut décider des amendements des députés qu'il sera possible de voter ou non. Il peut contourner l'Assemblée nationale et faire « comme si » elle avait voté avec le fameux article 49 alinéa 3 de la Constitution, *etc.*

En observant au quotidien le fonctionnement de l'Assemblée et ses relations avec le pouvoir exécutif, en voyant des députés à l'œuvre avec leur petite équipe lors de l'examen de projets de loi, de travaux d'évaluation ou de contrôle, par quoi finit-on par être frappé ? La faiblesse de ses moyens.

Les députés disposent, certes, d'une indemnité personnelle leur permettant sans difficulté de se consacrer à plein temps à leur mandat. Ils disposent de frais professionnels pour louer une permanence en circonscription et payer des frais de fonctionnement. Ils ont un crédit collaborateurs permettant de recruter quelques personnes. Ils disposent d'un bureau au palais Bourbon ou dans l'un des autres bâtiments hébergeant l'Assemblée nationale.

Mais ces moyens humains, administratifs et logistiques, sont à apprécier au regard de ceux du pouvoir exécutif. Alors que le cadre constitutionnel de nos institutions provoque un déséquilibre des pouvoirs, le rapport des forces matérielles est plus implacable encore. Là où le Parlement pourra mobiliser, sur un même projet de loi, une poignée de députés, quelques administrateurs et collaborateurs, les ministres opposent non seulement leur cabinet, mais plus encore les légions des administrations centrales.

Il y a quelque chose d'artisanal dans le fonctionnement quotidien de l'Assemblée nationale, qui doit pourtant, pour que vive ce principe démocratique fondamental de la séparation, de l'équilibre et du contrôle des pouvoirs, trouver les moyens de faire face à la machine gouvernementale.

Pour cela, pour faire vivre ce contre-pouvoir, j'en appelle aujourd'hui aux citoyens. Au lieu de vous détourner des élections et de vos élus, je vous propose de vous investir davantage au sein de l'Assemblée nationale.

La démocratie n'est-elle pas la promesse de l'égale possibilité pour toutes et tous d'influer sur la prise des décisions publiques ? N'est-il pas écrit, à l'article VI de la Déclaration universelle des droits de l'homme et du citoyen, que *« La loi est l'expression de la volonté générale »* ? Que *« Tous les Citoyens ont droit de concourir personnellement, ou par leurs Représentants, à sa formation »* ?

L'article XIV de la même Déclaration universelle des droits de l'homme et du citoyen affirme que *« Tous les citoyens ont le droit de constater, par eux-mêmes ou par leurs représentants, la nécessité de la contribution publique, de la consentir librement, d'en suivre l'emploi et d'en déterminer la quotité, l'assiette, le recouvrement et la durée»*. Et nous lisons en son article XV que «*La Société a le droit de demander compte à tout Agent public de son administration*».

Qu'il s'agisse de faire la loi ou de contrôler les pouvoirs publics, les citoyens sont proclamés pouvoir le faire «personnellement». Qu'il s'agisse de «l'œil du peuple» qui contrôle, ou de sa main qui tient la plume pour la rédaction de la loi, ces organes peuvent être les siens propres, ou ceux de ses représentants.

Nous verrons dans ce parcours, dans le travail et l'organisation de l'Assemblée nationale, qu'elle place les députés devant l'exercice d'un mandat tout entier tourné vers la recherche de l'intérêt général, leur faisant obligation de suivre de nombreuses procédures devant les protéger de tout conflit d'intérêts. Nous constaterons que le mode d'élection des députés assure une proximité avec les Françaises et Français partout sur le territoire. Nous ferons l'expérience de l'organisation de son pluralisme, assurant des droits aux minorités et oppositions. Nous découvrirons son incroyable ouverture qui place le travail d'audition, de rencontre, d'échange, au cœur de la méthode de travail des députés. Et non le moins important, nous nous rendrons compte de l'exigence avec laquelle l'Assemblée nationale fait vivre l'essentiel principe de publicité des délibérations, c'est-à-dire leur transparence, le fait de les rendre publiques.

L'Assemblée nationale, tant décriée, affaiblie par le pouvoir exécutif, a tout pour redevenir la «Maison du peuple».

Je vous propose, dans ce livre, de vous expliquer son fonctionnement pour que vous puissiez agir au sein de l'Assemblée nationale et renforcer son contre-pouvoir face à l'exécutif.

Tout l'enjeux est de s'y repérer, d'en comprendre l'organisation, les rythmes, d'y trouver les bons interlocuteurs. Vous pourrez réellement, activement participer à l'écriture de la loi, ainsi qu'au contrôle et à l'évaluation des politiques publiques et du Gouvernement, en vous immisçant dans le travail parlementaire. Vous pourrez interpeler les députés, signaler des difficultés d'application d'une loi ou des dysfonctionnements de politiques publiques, pour proposer des amendements ou autres contributions.

En parcourant le Règlement de l'Assemblée nationale, outil de travail des députés, nous allons, tout au long de ces pages, écrire le Règlement citoyen de l'Assemblée nationale, la boite à outil pour l'exercice de son droit à intervenir dans les travaux parlementaires. Des outils précis, qu'il faut apprendre à utiliser, mais qui, en échange, vont contribuer à redonner vie à notre citoyenneté et à notre démocratie même.

Des citoyennes et citoyens interviennent déjà dans le travail parlementaire.

Cette personne (qui nous a demandé de préserver son anonymat) qui, seule, pendant des années, est intervenue auprès de nombreux députés pour les informer d'incohérences dans la prise en charge par la sécurité sociale des transports en ambulance bariatrique, ces ambulances spécialement adaptées aux personnes atteintes de surpoids particulièrement graves. Personne qui a obtenu, au bout de plusieurs années, le dépôt d'une proposition de loi à l'initiative d'un député de la Commission des affaires sociales. Lequel interlocuteur attentif, suite à des élections, n'est pas réélu. Qu'à cela ne tienne. Notre homme continue ses interventions, avec des messages d'information, qui restent écrits sur un ton bienveillant et encourageant à l'égard de leurs destinataires malgré les années d'actions. Et alors un second député dépose une nouvelle proposition de loi. Encore faudra-t-il maintenant que ce député réussisse à la « mettre à l'ordre du jour ».

Ce couple ayant adopté un enfant dans le cadre de la procédure légale, qui, trente-trois ans après, accompagnant leur enfant adoptive pour rechercher ses parents biologiques, comprennent qu'ils ont été victimes d'un trafic mafieux[1]. Après des échanges avec leur députée, ces personnes ont pu voir celle-ci se saisir du sujet et porter une proposition de résolution (cette procédure sera présentée dans le livre) invitant le Gouvernement à procéder à des vérifications sur la sécurité de ces procédures d'adoption et à faire toute la lumière sur d'éventuels abus qu'il aurait pu ne pas identifier, favorisant ainsi la possibilité pour les enfants adoptés de connaître leurs origines.

Ce collectif d'habitants de la commune du Teil[2] en Ardèche, qui s'est constitué après un tremblement de terre en novembre 2019 qui a affecté des centaines d'habitations, dont les membres ont été confrontés à des procédures ubuesques pour essayer de se faire indemniser par leurs assurances. Ces habitantes et habitants qui ont commencé par s'aider dans leurs démarches administratives, mais qui ont découvert des dispositions légales qui leurs sont apparues inadaptées, trop favorables aux assurances et insuffisamment protectrices des personnes. Les séismes sont rares en France, et le cadre légal d'indemnisation est donc peu utilisé et par peu de personnes. Ceci explique peut-être en partie cela. Toujours est-il que ces « simples citoyens », qui sont devenus des interlocutrices et interlocuteurs de la Préfecture dans ses propres démarches, ont ainsi vu concrètement la mise en œuvre de la loi. Ils ont alors commencé, sur la base de cette expérience, un travail pour proposer quelques modifications législatives précises. Prise de contact avec le député de la circonscription, identification d'un projet de loi qui pourrait

---

1. Véronique PIASER-MOYEN, *Ma fille, je ne savais pas...*, City Éditions
2. www.collectif-sinistres-seisme.fr

être le «véhicule législatif» adapté pour porter ces propositions d'évolutions de la loi. Échange avec des assistants parlementaires pour comprendre la procédure et savoir où elle en est. Mise en relation avec d'autres députés qui vont travailler spécifiquement sur ce projet de loi. Relatif échec lors de l'examen à l'Assemblée nationale. Reprise des démarches auprès de sénatrices et sénateurs lorsque le texte est examiné par la «Chambre haute». Jusqu'à la victoire! Des amendements reprenant leurs retours d'expérience sont adoptés. Amendements qui seront confirmés dans la suite de la procédure d'examen du texte jusqu'à son adoption définitive.

Ces commerçants de Montauban qui ont alerté le législateur sur une incohérence dans la loi qui prévoyait des exonérations fiscales visant à favoriser le maintien de petits commerces dans des quartiers prioritaires, mais dont la rédaction initiale prévoyait que, dans une même rue, des commerces de même type pouvaient bénéficier ou non de ces exonérations selon qu'ils étaient localisés d'un côté ou de l'autre de la rue. Un amendement sur un projet de loi de finance a permis d'inscrire un nouvel article dans cette loi de finance et de corriger cette inégalité.

Quand bien même ces exemples seraient rares, ils ne le sont pas tant que ça, mais s'ils sont souvent inaperçus, ils démontrent pourtant bien une chose : nous pouvons faire la loi ensemble!

Une nouvelle alliance entre les citoyennes et citoyens et leurs députés, pour une démocratie représentative plus démocratique et pour renforcer l'équilibre des pouvoirs!

Offrons à notre République une citoyenneté active, participative, pour rendre notre représentation plus démocratique!

Offrons à l'Assemblée nationale le concours de citoyens investis, qui alertent sur des réalités sociales, économiques, environnementales, sanitaires, ou autres. Des citoyens qui partagent des expertises issues de leur vie professionnelle ou d'engagements, ou font part d'expériences. Des citoyens qui viennent renforcer la légitimité et l'efficacité de l'Assemblée nationale dans son rapport de force avec le pouvoir exécutif.

Il sera toujours temps, après, à l'épreuve des faits, en ayant fait l'expérience du fonctionnement de nos institutions, de nous lancer dans une grande réforme constitutionnelle et démocratique.

Partie I

Les combats entravés de l'initiative parlementaire

Des principes de la démocratie portés...
seule

Indépendance et déontologie du mandat de député, présence sur l'ensemble du territoire national, auto-administration, organisation et garantie du pluralisme et droits spécifiques des oppositions et minorités, transparence des débats, publicité des votes et décisions, ouverture de ses délibérations à des auditions larges et publiques, l'Assemblée nationale, par son organisation, fait vivre des principes essentiels de notre démocratie.

Si nous comparons, à l'aune de ces critères, les pouvoirs législatifs et exécutifs, il apparaît nettement que c'est le Parlement qui, en ces matières, incarne et réalise ces principes démocratiques.

De fait, le pouvoir exécutif n'est pas pluraliste, les ministres sont soumis à un devoir de solidarité gouvernementale et non à un principe premier d'indépendance. Le Gouvernement ne fonctionne pas sous le regard du peuple, ni quant à ses rencontres, ni quant à ses discussions, ni quant à ses modalités de prises de décisions.

Ces caractéristiques font de l'Assemblée nationale une porte d'entrée évidente pour les citoyens dans nos institutions. L'identification des personnes, de leurs travaux, de leurs prises de positions et votes, l'anticipation possible des travaux à venir, la proximité territoriale, sont autant d'informations utiles à des interventions citoyennes ciblées.

Il y a en France cinq cent soixante-dix-sept députés qui sont élus pour une législature de cinq ans. Nous en sommes à la seizième élection depuis le début de la Ve République. Chacun est élu sur une circonscription. Sur la base de cette égalité, qui confère à tous un mandat de représentant de la Nation, et non de ses seuls électeurs, le fonctionnement de l'Assemblée va reposer sur l'exercice d'un mandat spécifique par ces élus, ainsi que sur des processus de division de ce « corps législatif ».

Les pouvoirs exécutif et législatif n'incarnent pas, ne réalisent pas, de la même manière, les grands principes démocratiques. Dans la division des pouvoirs organisée par nos institutions, les députés trouveront face à eux, dans l'exercice de leur mandat, un gouvernement composé de ministres nommés par le président de la République.

Et au-delà de ce principe d'élection de représentants qui s'oppose à des nominations, des questions aussi fondamentales pour une représentation démocratique que la transparence ou le pluralisme ne caractérisent pas de manière identique le Parlement et le Gouvernement.

La déontologie

Ce que nous lisons d'abord dans le Règlement de l'Assemblée nationale[3] comme dans la Constitution, c'est de quel mandat ils ne sont pas porteurs. En plusieurs occurrences, ces textes précisent qu'il ne peut s'agir d'un mandat impératif! C'est-à-dire que les députés sont libres de leurs votes. Ils ne peuvent pas être obligés, même par un quelconque engagement préalable.

Ainsi, par exemple :

---

3. Ce Règlement de l'Assemblée nationale, que nous allons parcourir tout au long de ce livre, n'est pas un simple règlement administratif, c'est un élément à part entière de notre droit, à tel point que l'on parle de « droit parlementaire ». Il codifie la procédure parlementaire dans le cadre des dispositions constitutionnelles.

Article 79 — Alinéa 2[4]

« Il lui est également interdit, sous les mêmes peines, d'adhérer à une association ou à un groupement de défense d'intérêts particuliers, locaux ou professionnels ou de souscrire à l'égard de ceux-ci des engagements concernant sa propre activité parlementaire, lorsque cette adhésion ou ces engagements impliquent l'acceptation d'un mandat impératif. »

Cette définition négative va se retrouver dans une règle déontologique fondamentale de l'exercice de ce mandat, à savoir la prévention des conflits d'intérêts. Comme chacune et chacun d'entre nous, celles et ceux qui se voient confier un mandat de député ont des intérêts personnels, du fait de leurs relations personnelles, de leur travail, des activités des membres de leur famille, *etc.* C'est ce qui conduit à la rédaction de ces prescriptions :

Article 80-1

« Les députés exercent leur mandat au profit du seul intérêt général et en toute indépendance. Le Bureau établit un code de déontologie définissant les principes qui doivent guider leurs actions dans l'exercice de leur mandat. Il assure le respect de ce code de déontologie et en contrôle la mise en œuvre. Il nomme à cet effet un déontologue.

---

4. Par défaut, toutes les citations renvoient au Règlement de l'Assemblée nationale. Lorsque ce ne sera pas le cas, la source sera précisée. Ce Règlement peut être consulté sur le site Internet de l'Assemblée nationale via ce lien : https://www.assemblee-nationale.fr/dyn/15/divers/texte_reference/02_reglement_assemblee_nationale

Les députés veillent à prévenir ou à faire cesser immédiatement toute situation de conflits d'intérêts dans laquelle ils se trouvent ou pourraient se trouver, après consultation, le cas échéant, du déontologue.
Un conflit d'intérêts est entendu comme toute situation d'interférence entre un intérêt public et des intérêts privés de nature à influencer ou paraître influencer l'exercice indépendant, impartial et objectif du mandat. Il n'y a pas de conflit d'intérêts lorsque le député tire un avantage du seul fait d'appartenir à la population dans son ensemble ou à une large catégorie de personnes. »

Et le dit Code de déontologie précise en son article 2 qu'« En aucun cas, les députés ne doivent se trouver dans une situation de dépendance à l'égard d'une personne morale ou physique qui pourrait les détourner du respect de leurs devoirs tels qu'énoncés dans le présent code. »

Ce sont donc d'abord des garanties et des exigences de pleine liberté, tant vis-à-vis des intérêts de toute personne ou collectif, que vis-à-vis de ses propres intérêts, qui encadrent et définissent le mandat de député.

Cela peut conduire des députés, comme j'ai pu l'observer, à se « déporter », c'est-à-dire à ne pas prendre part à un vote spécifique ou ne pas exercer certaines responsabilités. Ainsi, en indiquant à leurs collègues la cause de cette mise en retrait, au nom par exemple du fait d'avoir, même des décennies plus tôt, travaillé avec une personne dont la nomination doit être discutée et décidée par une commission dans laquelle ils siègent, ces députés qui se déportent d'un vote, d'une délibération ou d'une responsabilité, protègent la décision de l'Assemblée nationale de tout risque d'impartialité.

Et non seulement les députés doivent être libres, indépendants, pour l'exercice de leur mandat et le choix de leurs votes, et donc ne pas être influencés par un intérêt privé, mais pas même « paraître influencés » par un tel intérêt.

C'est ainsi sous les auspices de deux statues, figurant pour l'une la liberté et pour l'autre l'ordre public, qui encadrent la tribune de l'hémicycle de l'Assemblée nationale et rappellent aux députés leurs devoirs, qu'ils siègent en séance publique.

Telle est donc la mission des députés, telles sont donc les bornes de leur mandat. Liberté et résistance à toutes formes d'oppression.

Et si nous retrouvons au niveau du Gouvernement des règles de déontologie concernant la prévention des conflits d'intérêts, les ministres étant également soumis au dépôt d'une déclaration d'intérêts, nous ne trouverons pas trace, par contre, de l'exigence radicale de liberté des ministres comme celle que nous avons décrite pour les députés, puisqu'à l'inverse de ceux-ci, ils sont nommés et non élus, et tenus par une stricte discipline et solidarité gouvernementales.

Un peu d'histoire :

Qui dit code de déontologie, dit règles à respecter et sanctions éventuelles. Une assemblée délibérante n'a pas à protéger que la sécurité de ses membres. Elle doit tout autant protéger la qualité de sa délibération et la liberté de ses membres. Celles-ci peuvent être affectées par des personnes extérieures, mais aussi par leurs propres membres. C'est pourquoi un droit de discipline est nécessaire dans toute assemblée. Ainsi, lors de la séance de 25 juin 1879, cette question a été abordée et le député Sénard d'intervenir en ces termes :

« Par cela seul qu'une Assemblée existe, elle a le droit de se protéger, d'assurer son fonctionnement. C'est une société constituée par la loi pour délibérer. Elle a le droit de prendre les mesures nécessaires pour sauvegarder la liberté de ses délibérations ; elle a le droit d'exclure le membre qui s'écarte de l'ordre. Il est impossible de mettre sérieusement en question le droit d'inscrire dans le règlement des peines contre ceux qui troublent les délibérations. »

S'agissant de règles relevant de son règlement, l'Assemblée est seule juge du comportement de ses membres.

Si nous retrouvons bien aujourd'hui dans le Règlement de l'Assemblée des peines disciplinaires allant du rappel à l'ordre à la censure avec exclusion, à l'encontre d'un membre qui se serait livré à des manifestations troublant l'ordre ou qui aurait provoqué une scène tumultueuse, jusqu'à s'être rendu coupable d'une voie de fait[5] dans l'enceinte de l'Assemblée, nous ne trouvons plus trace cependant de la cellule de rétention comme prévue encore à l'article 64 du règlement de la Chambre des députés[6] de 1924 « Si le député reparaît dans le Palais législatif avant l'expiration du délai d'exclusion, il est arrêté par l'ordre des questeurs, conduit dans un

---

5. Une voie de fait désigne, en droit pénal, une violence « légère » commise à l'encontre d'une personne, sans provoquer de lésion corporelle. En droit civil et en droit administratif, une voie de fait désigne un comportement ou un acte portant atteinte aux droits de la personne.
6. La « Chambre des députés » a désigné la chambre basse du Parlement français élue au suffrage censitaire pendant la période de la restauration des Bourbons, de 1814 à 1848, puis l'assemblée législative élue au suffrage universel pendant la IIIe République, de 1875 à 1940. Le nom d'Assemblée nationale était alors réservé à la réunion de la Chambre des députés et du Sénat à Versailles et qui procédait à l'élection du président de la République.

local préparé à cet effet et y est retenu pendant un temps qui ne peut excéder trois jours. »

Pour que la loi soit l'expression de la volonté générale, comme il est écrit à l'article VI de la Déclaration des droits de l'homme et du citoyen, le législateur doit entendre les revendications, légitimes, de toutes et tous, et leurs intérêts, mais ne peut lui-même être un défenseur de certains intérêts particuliers, ni même être sous la dépendance ou l'influence de ceux-ci.

La proximité

Comme le veut une formule souvent employée par les députés, ils sont « à portée de gifle », ou « à portée d'engueulade ». Leur mandat ne s'exerce pas, loin de là, uniquement dans les bureaux du palais Bourbon. Ils sont à mi-temps dans les cinq cent soixante-dix-sept circonscriptions qui divisent la France. Et sur leurs circonscriptions, les députés ne sont pas comme des ministres en « visite officielle » avec gardes du corps, dispositifs de sécurité et protocole préfectoral. Ils sont juste là, dans les fêtes de village et rencontres scolaires, dans les manifestations et en visite dans des usines et commerces, tout comme en rendez-vous ouverts à toutes et tous lors de permanences.

Cette proximité est une réelle richesse, qui permet de découvrir les réalités personnelles qui se cachent derrière les froides statistiques des rapports que les députés et leurs équipes doivent lire. Ces travaux d'analyse sont nécessaires, mais pour que la représentation nationale soit bien « représentative », il est impératif que les élus fassent le lien entre des statistiques globales et les réalités des vies uniques. Aucune vie ne peut se réduire à une statistique. Ce sont ces réalités diverses que les élus rencontrent à longueur de semaine et dont ils nourrissent leurs réflexions et expressions. Cela donne lieu à des échanges de tous ordres, qui peuvent même être assez tendus, comme j'ai pu en faire directement l'expérience il y a quelques années en me retrouvant séquestré par un groupe de personnes bien remontées contre un gouvernement dans une permanence... Rien de bien méchant finalement, mais sur le moment on n'en mène pas forcément très large !

Ainsi nous avons toutes et tous un ou une députée sur notre circonscription. Et « mon » ou « ma » députée et son équipe sont en situation de m'apporter toute information utile pour me repérer dans les travaux en cours au sein de l'Assemblée nationale, mais aussi pour identifier les interlocuteurs les plus pertinents sur les sujets qui m'intéressent, ou pour appuyer mes éventuelles requêtes. Nous avons à proximité une porte d'entrée du palais Bourbon et des guides pour nous accompagner dans toute démarche d'intervention dans les travaux de l'Assemblée nationale.

Remarquons que les assistantes et assistants parlementaires sont particulièrement impliqués dans ce travail d'échanges entre les élus et les citoyens. Cette fonction d'interface permet d'observer nombre de ces dialogues, d'y prendre part ou même de les réaliser à la place des députés.

L'indépendance

L'opacité du Gouvernement ne donne pas à voir son fonctionnement ni ses dysfonctionnements. Ses règles de stricte hiérarchie et de discipline n'en font pas un lieu de pleine délibération. *A contrario*, l'ouverture et le pluralisme de l'Assemblée nationale renvoient nécessairement une image qui pourrait laisser penser à une absence d'organisation. Or il n'en est rien.

Nous avons évoqué la division du corps législatif. Nous allons retrouver ce processus à l'œuvre à différents niveaux du fonctionnement de l'institution. Ici, nous allons aborder sa division « administrative » en quelque sorte, visant à assurer son bon fonctionnement administratif et à y faire respecter ses propres règles.

Ce seront les premières opérations d'une nouvelle législature. Ce faisant, celle-ci s'installe.

Il en va ainsi de l'élection de son président ou de sa présidente. Celui-ci ou celle-ci convoque et préside les réunions en séance publique, c'est-à-dire celles qui se tiennent dans l'hémicycle. Il ou elle veille à la sécurité intérieure et extérieure de l'Assemblée, en fixant notamment l'importance des forces militaires qu'il ou elle juge nécessaires, placées sous ses ordres, et assure les communications de l'Assemblée nationale.

Un peu d'histoire :

La XVIe législature de la Ve République s'est ouverte sur une première : l'élection d'une présidente de l'Assemblée nationale. Dans la longue marche pour l'égalité entre les femmes et les hommes, on se souviendra notamment d'Hubertine Auclert, dont une pétition fut examinée le 22 juin 1893 par la Chambre des députés et dont il fut rendu compte en ces termes :

> **M. Prenat,** *rapporteur.*
>
> Pétition n° 3184. — La dame Auclert (Hubertine), à Paris, demande le vote d'une loi autorisant les femmes à accréditer auprès des pouvoirs constitués des déléguées chargées de la défense de leurs intérêts.
>
> *Motifs de la commission.* — Dans sa pétition, la dame Auclert (Hubertine) se plaint de ce que les femmes sont victimes des hommes.
>
> à l'appui de sa thèse, elle avance que les hommes s'approprient presque entièrement l'argent national, et que cet état de choses subsistera tant que les femmes ne seront pas admises dans les assemblées légiférantes et administratives.
>
> Il ne paraît pas démontré que ces vagues allégations soient fondées.
>
> Si la requête de la dame Auclert était prise en considération, elle ne tendrait à rien moins qu'à bouleverser nos lois actuelles.
>
> La 29ᵉ commission estime qu'il n'y a pas lieu de modifier nos lois existantes, ni de donner suite aux prétentions de la dame Auclert, et propose purement et simplement de passer à l'ordre du jour. — (Ordre du jour.)

Un Bureau, composé du ou de la présidente, de six vice-présidents, des trois questeurs et de douze secrétaires, est constitué et a tous les pouvoirs pour régler les délibérations de l'Assemblée et pour organiser et diriger tous les services.

Les trois questeurs, dont l'un est député de l'opposition, sont chargés des services financiers et administratifs. Notons à ce sujet que l'Assemblée nationale décide de son propre budget.

Un peu d'histoire :

L'installation d'une nouvelle Assemblée procède d'opérations aujourd'hui beaucoup plus rapides et succinctes qu'elles ne le furent longtemps, notamment lorsque l'Assemblée nationale, ou la Chambre des députés, était elle-même le juge des élections. Ainsi, pendant des semaines, l'Assemblée, divisée en Bureaux, procédait à la vérification de la régularité de l'élection de chacun de ses futurs membres en examinant notamment les contestations. Ce point, qui peut sembler anecdotique, renvoie cependant à un sujet très sensible quant à l'autonomie du pouvoir législatif. La Ve République, cherchant à instaurer ce qui fut appelé un « parlementarisme rationalisé », a confié au Conseil constitutionnel la fonction de juge des multiples matières relatives au fonctionnement et aux décisions de l'Assemblée nationale, dont l'examen de son Règlement, ainsi que la régularité de l'élection des députés. Nous aurons l'occasion de recroiser cette question et de constater les limites que cela pose à l'autonomie du pouvoir législatif.

Ainsi, dans la logique de la séparation des pouvoirs, l'Assemblée nationale nomme en son sein les députés chargés d'assurer son bon fonctionnement. Elle ne saurait dépendre d'un quelconque organisme extérieur et encore moins d'un ministère.

Le pluralisme

Même lorsqu'en de très rares occasions a été composé, ce qui fut appelé des « Gouvernements d'ouverture », en aucun cas ceux-ci ne pouvaient prétendre réaliser une représentation pluraliste des familles politiques dans lesquelles se retrouvaient les Françaises et Français. Sauf dans l'exceptionnelle circonstance d'un gouvernement d'union nationale, comme il s'en trouva un, il y a peu de temps encore, au sortir de la Seconde Guerre mondiale.

Non obligatoire, mais emportant beaucoup de conséquences, le regroupement des députés par affinités politiques est une des deux divisions fondamentales du corps législatif répartie(s) en commissions. En effet, un certain nombre de droits dans la procédure parlementaire sont attribués à ces groupes et non individuellement à chaque député. Qu'il s'agisse de moyens financiers mutualisés ou de droits spécifiques dans la procédure législative, la possibilité de composer un groupe, ce qui suppose un nombre minimal de quinze députés, est un enjeu essentiel pour les familles politiques.

Ces groupes se constituent autour d'une « déclaration », texte qui explicite leur positionnement politique.

https://www.assemblee-nationale.fr/dyn/les-groupes-politiques[7]

Les droits de ces groupes vont être pondérés selon qu'ils se seront déclarés ou non d'opposition, et pour ceux qui ne le sont

---

7. À mesure de notre progression dans la description du fonctionnement et du règlement de l'Assemblée nationale, nous proposerons de tels liens vers des pages dédiées du site Internet de l'institution, dont la page d'accueil se trouve à l'adresse : www.assemblee-nationale.fr

pas, selon qu'ils sont minoritaires par rapport au groupe majoritaire. Le groupe qui sera dit « majoritaire » n'a pas nécessairement la majorité des cinq cent soixante-dix-sept députés, mais se trouve être le plus important des groupes qui ne se sont pas déclarés d'opposition.

Ainsi, des droits spécifiques ou renforcés sont attribués aux groupes qui se déclarent d'opposition ou minoritaires : des temps de parole allongés dans certaines procédures, des droits à obtenir annuellement une mission d'information ou une commission d'enquête[8], le droit à une ou plusieurs journées de séance dans la session ordinaire pour l'inscription à l'ordre du jour de ses propres propositions de loi, par exemple.

Comme indiqué, cependant, rejoindre un groupe parlementaire n'est pas une obligation pour les députés. Celles et ceux qui ne le font pas sont dits « non-inscrits ».

Les groupes parlementaires sont donc des rouages essentiels au fonctionnement de l'Assemblée nationale et à la garantie d'une diversité vivante, d'un pluralisme politique nécessaire à toute démocratie, en garantissant des droits aux oppositions. La démocratie n'est la dictature de personne, ni de la majorité, ni des minorités.

---

8. Nous aurons l'occasion de recroiser ces instances par la suite et d'en expliciter les missions et l'organisation. Il convient par ailleurs de signaler le petit lexique parlementaire proposé sur le site Internet de l'Assemblée nationale à l'adresse : https://www.assemblee-nationale.fr/connaissance/lexique.asp#P71_13192

La transparence

Parmi les grands principes de la démocratie, celui de la transparence, ce que l'on appelle la publicité, le fait de rendre public, en est un éminent.

Si le journalisme a la fonction, dans une société démocratique, de lever le voile sur les zones d'ombre, d'opacité, des pouvoirs quels qu'ils soient, l'Assemblée nationale, depuis ses origines, fait vivre pour elle-même et par elle-même ce grand idéal démocratique, face à un pouvoir exécutif fait d'opacité et de secret.

Afin de pouvoir s'adresser utilement aux députés, encore faut-il que les citoyens puissent voir ce qu'il se passe à l'Assemblée nationale, sur quels sujets les parlementaires vont avoir à s'exprimer, les travaux préparatoires qu'ils conduisent, le contenu de leurs délibérations, leurs choix de votes.

Nous pouvons ici nous appuyer sur un de nos droits fondamentaux, que l'on peut résumer par la fameuse image « d'œil du peuple » et par celle contenue dans l'expression de Jean-Sylvain BAILLY, premier président de l'Assemblée nationale, « publicité, sauvegarde du peuple[9] ».

Les travaux du Parlement, contrairement à ceux du pouvoir exécutif, en plus que d'être pluralistes, sont réalisés de manière publique, transparente.

Cette publicité se décline et se concrétise de plusieurs manières.

---

9. Edwy PLENEL, *La sauvegarde du peuple – Presse, liberté et démocratie*, Éd. La Découverte, 2020.

Qui a dit quoi ?

Les travaux des députés sont accessibles au format vidéo et en direct sur le site Internet de l'Assemblée nationale. Ils font, pour la plupart d'entre eux, notamment les travaux en séance publique et les réunions de commissions, l'objet de comptes-rendus écrits accessibles quelques jours après la tenue de ces réunions.
S'agissant des travaux des commissions :

```
Article 46 :
«Les travaux des commissions sont publics.

(...) À l'issue de chaque réunion, un compte-rendu
est publié, faisant état des travaux et des votes
de la commission, ainsi que des interventions
prononcées devant elle. Lorsqu'ils portent sur
des réunions consacrées à l'examen d'un texte, ces
comptes-rendus peuvent être intégrés au rapport.»
```

Un peu d'histoire :

La publicité des travaux des commissions.

Jusqu'à la réforme constitutionnelle de 2008, les projets de loi arrivaient pour leur examen en séance publique, tels qu'ils avaient été présentés par le Gouvernement. Cela signifie que le travail effectué en commission, les débats et les votes d'amendements[10] étaient comme effacés. La réforme de 2008 a modifié cette disposition en faisant

---

10. Élément essentiel du travail des députés et de la procédure législative, nous examinerons en détail ce que sont les amendements dans le chapitre IV.

que, désormais, arrive en séance le texte tel que voté en commission, exception faite des projets de loi de finance et de financement de la Sécurité sociale.

Pour assurer la pleine transparence des travaux du législateur, il est devenu nécessaire d'assurer une pleine publicité des travaux des commissions, qui font désormais l'objet d'un compte-rendu intégral en plus d'une diffusion en direct sur le site de l'Assemblée nationale. Notons cependant que le Sénat n'a pas, jusqu'à ce jour, tiré les mêmes conclusions que l'Assemblée nationale de cette réforme, et n'a pas affirmé le principe de la publicité des réunions de ses commissions, qui n'est que facultative.

Cette importante modification de l'organisation du travail parlementaire a eu des effets importants, avec notamment le renforcement du rôle du rapporteur[11] d'un projet de loi, mais aussi des conséquences plus matérielles, comme la nécessité de doter les salles des commissions de moyens techniques pour une parfaite captation audio et vidéo des débats afin de pouvoir réaliser les comptes-rendus et diffusions.

S'agissant des travaux en séance, certes, l'hémicycle de l'Assemblée nationale est ouvert au public et aux journalistes. Mais cela ne saurait suffire à assurer une pleine publicité des travaux de la représentation nationale.

C'est pourquoi des dispositions précises existent pour organiser et assurer un large et réel accès à ces débats.

---

11. Cette fonction de « rapporteur » apparaît à la fois dans le travail sur les projets et propositions de loi, mais aussi dans des instances comme les commissions d'enquête. Comme son nom l'indique le ou la députée qui l'exerce a notamment pour rôle la rédaction d'un rapport, mais en vérité il fait bien plus que cela. Nous détaillerons ces importantes missions dans les prochains chapitres.

Art. 59 — Alinéa 3
« Le compte-rendu intégral est le procès-verbal de la séance. Il devient définitif si le président de l'Assemblée n'a été saisi par écrit d'aucune opposition ou d'aucune demande de rectification vingt-quatre heures après sa publication au *Journal Officiel*. Les contestations sont soumises au Bureau de l'Assemblée, qui statue sur leur prise en considération après que l'auteur a été entendu par l'Assemblée pour une durée qui ne dépasse pas deux minutes. »

Art. 59 — Alinéa 5
« Un compte-rendu audiovisuel des débats en séance publique est produit et diffusé dans les conditions déterminées par le Bureau. »

https://www.assemblee-nationale.fr/dyn/16/comptes-rendus/seance/

Un peu d'histoire :

Jusqu'en 1848, ce furent des organes de presse qui réalisèrent l'essentiel de la publicité des délibérations démocratiques, mais à compter de la IIe République, la Chambre des députés se mit à réaliser ce travail de transparence. Ceci se fit notamment par l'intégration, dans l'administration de la Chambre des députés, du personnel du Moniteur universel *par les décrets des 11 juillet et 24 octobre 1848.*

Qui a voté quoi ?

Une délibération parlementaire n'a pas pour unique objet de discuter, mais aussi, bien souvent, de voter. Les premiers mots définissant le rôle du Parlement dans la Constitution se trouvent à l'article 24 de celle-ci et sont les suivants : « Le Parlement vote la loi ». Les opérations de vote ont donc un rôle central dans le fonctionnement de cette institution. Et s'agissant de ses autres prérogatives, à savoir le contrôle de l'action du Gouvernement et l'évaluation des politiques publiques, elles aussi procèdent d'une délibération, mais aussi souvent de votes, pour approuver ou désapprouver la mise en place de procédures de contrôle, pour approuver ou désapprouver les conclusions et préconisations issues de ces travaux.

Petites règles de vote.

S'agissant des travaux en commission :

```
Art. 44, Alinéa 1
« Les votes en commission ont lieu à main levée ou
par scrutin. »
```

Le vote à main levée ne fait l'objet que d'un comptage par la présidence sans relevés du décompte final au compte-rendu. Quant au « scrutin », il s'entend soit comme « scrutin à bulletin secret », soit comme scrutin public : des précédents[12] des deux interprétations existent.

---

12. Comme nous le voyons, les travaux de l'Assemblée nationale s'organisent dans le cadre de son règlement. Cependant, il n'y a jamais une façon unique d'utiliser un système de règles et il peut toujours se trouver des cas de figure non prévus. Cela oblige régulièrement à un travail d'interprétation de ces règles et à décider au cas par cas de certaines situations, créant ainsi des précédents, qui seront un peu comme une jurisprudence dans le domaine judiciaire.

S'agissant des votes intervenant en séance, les procédures sont différentes.

Art. 63 — Alinéa 1
« Les votes s'expriment, soit à main levée, soit par assis et levé, soit au scrutin public ordinaire, soit au scrutin public à la tribune ».

Art. 65
« Le vote par scrutin public est de droit :
1° Sur décision du Président ou sur demande du Gouvernement ou de la commission saisie au fond ;
2° Sur demande écrite émanant personnellement soit du président d'un groupe, soit de son délégué dont il a préalablement notifié le nom au Président. Toute nouvelle délégation annule la précédente ;
3° Lorsque la Constitution exige une majorité qualifiée ou lorsqu'il est fait application des articles 49 et 50-1 de la Constitution.
Il est procédé au scrutin public en la forme ordinaire lorsqu'il a lieu en application des 1° et 2° ci-dessus et de l'article 65-1. Il est procédé au scrutin public à la tribune ou dans les salles voisines de la salle des séances[13], sur décision de la Conférence des présidents[14], lorsqu'il a lieu en application du 3° ci-dessus. »

---

13. La salle des séances est le nom officiel de ce que l'on appelle plus couramment l'hémicycle.
14. Nous reviendrons par la suite sur cette Conférence des présidents, instance maîtresse dans l'organisation de l'ordre du jour des travaux de l'Assemblée nationale et qui se réunit traditionnellement tous les mardis matin.

Ainsi la règle est-elle la publicité des votes, même si beaucoup de votes intermédiaires dans les procédures de discussion des textes, ne donnant lieu qu'à des votes à main levée, ne font pas l'objet d'un relevé détaillant les votes des uns et des autres. Ceci notamment pour des questions de temps, la mise en place d'un scrutin public nécessitant une procédure plus longue qu'il serait difficilement envisageable de généraliser. Il n'en demeure pas moins possible pour un groupe parlementaire d'obtenir la mise en place d'un tel scrutin public sur chaque vote qu'il juge particulièrement important.

Les scrutins publics font l'objet de comptes-rendus spécifiques et eux aussi intégralement accessibles.

https://www2.assemblee-nationale.fr/scrutins/liste/(legislature)/16

À l'inverse, tant sur les délibérations que sur les votes, il faut noter l'existence de procédures exceptionnelles de stricte confidentialité.

Lorsqu'il s'agit de travaux de commission, il peut arriver, dans des commissions d'enquête, mais pas exclusivement, qu'il soit fait recours à des auditions à huis clos. Considérant que les personnes auditionnées sont susceptibles de livrer des informations particulièrement sensibles, le secret est décidé. Selon les cas de figure, ces auditions donneront lieu, ou non à un compte-rendu qui pourra, le cas échéant, être expurgé de passages considérés comme trop sensibles, par exemple pour des questions de sécurité.

Pour les travaux en séance, la procédure est beaucoup plus rare. Il s'agit de la procédure dite des « comités secrets », qui, en plus d'assurer une stricte confidentialité des délibérations concernées, laisse la possibilité ultérieure de publier ou non les comptes-rendus de ces séances.

Un peu d'histoire :

On se souviendra que la question du scrutin secret est très vite apparue dans notre histoire parlementaire. D'abord comme exception en l'an III[15], puis comme règle à partir de l'an VIII, pour perdurer des décennies dans notre vie parlementaire. Voir notamment les débats des 22 mars 1842 et 10 février 1845 autour de la proposition de Duvergier de Hauranne, député du Cher, tendant à substituer le vote public au vote secret. Dans un écho à la formule de Bailly, « Publicité, sauvegarde du peuple », dont nous ne savons s'il est volontaire, l'auteur de la proposition dénoncera cette pratique qui se drape dans la défense d'une « sauve-garde des consciences », qui prétendait laisser la possibilité aux élus de pouvoir voter « en leur âme et conscience » sans être sous des influences, des regards extérieurs, pour mieux garantir une « sauve-garde de la versatilité », voyant dans ce mode de scrutin « le moyen de voter d'une façon et de laisser croire qu'on a voté d'une autre », alors que « c'est publiquement, c'est à haute voix que les membres de nos premières assemblées émettaient leur vote. Personne n'imaginait à cette époque qu'il fût possible de sacrifier à quelques considérations secondaires le principe fondamental de la publicité. »

Et dans le même argumentaire se présentait un lien direct avec la nature du mandat du député et sa relation avec les électeurs qui nous renvoie à la question du mandat impératif rencontrée précédemment : « Autant que personne, je repousse comme fausse et comme funeste la doctrine du mandat impératif. J'admets que du jour où

---

15. Cette numérotation est celle du calendrier républicain, ou calendrier révolutionnaire français, utilisé pendant la Première République. Il commence le 22 septembre 1792, lendemain de la proclamation de la République et de l'abolition de la monarchie, par le 1er vendémiaire an I.

il est élu, le Député représente le pays tout entier, qu'il n'a plus à consulter que sa conscience et ses lumières; et qu'il doit, s'il croit que ses commettants directs se trompent, résister à leur avis. Mais si le député a son droit, l'électeur a le sien, et celui-ci n'est pas moins sacré. Le droit du Député, je le répète, c'est de voter comme il l'entend. Le droit de l'électeur, c'est de savoir comment le Député vote, afin de lui continuer ou de lui retirer plus tard sa confiance en connaissance de cause. L'électeur qui prétend imposer à son Député un vote contraire à son opinion viole la loi du Gouvernement représentatif. Le Député qui, pour être réélu, trompe l'électeur sur son vote, la viole également et manque, de plus, à la probité la plus vulgaire. Or, le vote public est le seul moyen d'empêcher qu'il n'en soit jamais ainsi. »

Mais à l'inverse, certaines circonstances peuvent amener à recourir au secret comme gage de la qualité de la délibération et de ses effets. C'est ainsi que la procédure dite des « comités secrets » a notamment été particulièrement utilisée lors de la Première Guerre mondiale. Ceci a permis aux députés de questionner, voire de rudoyer fortement le gouvernement quant à la conduite de la guerre sans afficher publiquement une division du pouvoir qui aurait pu être un élément de trouble et d'inquiétude pour la population. De plus, ces débats ont eu pour effet de questionner et réviser des choix stratégiques essentiels dont la publicité aurait permis à l'ennemi de disposer d'informations stratégiques.

Il est à noter, cependant, que plus encore que les séances tenues en comité secret, c'est dans le cadre des travaux en commissions qui, à l'époque, n'étaient pas publics, que l'essentiel de ce travail de contrôle en continu du Gouvernement et des opérations militaires fût conduit pendant la Grande Guerre.

Un vote ça se gagne... à la majorité. Ou cela se perd !

Le vote d'une disposition suppose d'avoir convaincu une majorité des votants.

```
Art. 68
« Sous réserve de l'application de l'article 49 de
la Constitution, les questions mises aux voix ne
sont déclarées adoptées que si elles ont obtenu la
majorité des suffrages exprimés. Toutefois, lorsque
la Constitution exige pour une adoption la majorité
absolue des membres composant l'Assemblée, cette
majorité est calculée sur le nombre de sièges effec-
tivement pourvus. »
```

Il convient de se rendre compte que nombre d'amendements et de propositions de loi des députés ne sont pas adoptés. Ceci conduit les députés, pour pouvoir espérer faire adopter leurs propositions, à chercher, avant même leur examen, à en discuter avec leurs collègues, à tester leur idée, afin de vérifier la plausibilité d'un vote favorable en même temps qu'ils se trouvent des alliés pour ce vote.

Sauf à ce que cet amendement soit ce qui est communément appelé un « amendement d'appel », dont l'auteur ou l'autrice sait qu'il n'a aucune chance d'être adopté, mais dont le dépôt visait à ce que la question puisse être abordée et discutée, afin d'attirer l'attention de ses collègues, d'obtenir une expression du Gouvernement à son sujet, voire des engagements pour l'avenir.

L'ouverture

Contrairement à l'idée que l'on s'en fait parfois, le travail parlementaire ne se fait pas « en chambre ». L'Assemblée nationale est plus proche de l'« auberge espagnole », ouverte à toutes et tous, pendant que le Gouvernement est dans sa « tour d'ivoire », comme déjà vu du fait de l'inaccessibilité de son fonctionnement. Dans la préparation à l'examen d'un projet ou d'une proposition de loi, tout comme dans d'autres procédures que nous croiserons, les auditions, ces rencontres entre députés et personnes de la société civile, sont une part essentielle de l'exercice du mandat parlementaire.

> Article 5bis de l'ordonnance n° 58-1100 du 17 novembre 1958 relative au fonctionnement des assemblées parlementaires :
> « Une commission spéciale ou permanente peut convoquer toute personne dont elle estime l'audition nécessaire, réserve faite, d'une part, des sujets de caractère secret et concernant la défense nationale, les affaires étrangères, la sécurité intérieure ou extérieure de l'État, d'autre part, du respect du principe de la séparation de l'autorité judiciaire et des autres pouvoirs.
> Le fait de ne pas répondre à la convocation est puni de 7 500 € d'amende. »

Sont ainsi auditionnés les associations, professionnels, syndicats, ONG, universitaires et experts divers ayant à connaître les sujets traités. La liste des personnes et organisations auditionnées par le rapporteur[16], au nom de la Commission, figure en annexe de son rapport.

Ainsi le travail d'audition est-il un élément essentiel de l'exercice du mandat des députés.

Et il convient d'ajouter à cela la dimension territoriale, locale, du mandat de député, que nous avons déjà évoquée et qui permet à celui-ci d'entendre et de discuter avec de nombreuses personnes de sa circonscription.

En plus de ces auditions, les députés sont également amenés à travailler avec d'autres institutions qui vont enrichir la délibération parlementaire. Il en est plus particulièrement ainsi du Conseil économique, social et environnemental (CESE) qui regroupe des associations, syndicats, personnalités qualifiées, et qui peut être saisi par le Gouvernement ou le Parlement pour émettre des avis sur des projets ou propositions de loi, d'ordonnances ou de décrets. Il peut également s'autosaisir et peut être saisi par les citoyens via des pétitions.

Sur ce dernier point, voir :

https://www.lecese.fr/petitions-citoyennes/petitions-mode-demploi

S'agissant de l'Assemblée nationale, des représentants sur CESE sont susceptibles d'y intervenir.

```
Art. 45 - Alinéa 3
«Chaque  commission  peut  demander,  par  l'entre-
mise du président de l'Assemblée, l'audition d'un
```

---

16. Nous verrons plus longuement dans un prochain chapitre le rôle de ce rapporteur, personnage clé des travaux des commissions et missions parlementaires.

rapporteur du Conseil économique, social et environnemental sur les textes sur lesquels il a été appelé à donner un avis.»

Art. 91 — Alinéa 4 (Examen en séance en première lecture)
«Un membre du Conseil économique, social et environnemental peut également être entendu dans les conditions fixées à l'article 97.»

Ce qui apparaît dans ce premier aperçu de l'ouverture du fonctionnement de l'Assemblée nationale à la société civile, c'est qu'elle s'effectue essentiellement par le biais de ce que nous appelons ordinairement les «corps intermédiaires», associations et syndicats notamment, ainsi que via des universitaires experts des sujets travaillés.

Démocratiser l'Europe

L'Europe nous gouverne ? Est-il utile de se démener à intervenir auprès des députés si c'est l'Europe qui décide de tout ?

Derrière ces questions fréquentes, concernant le poids de l'Union européenne sur notre démocratie, nous pouvons constater que pas plus que notre Conseil des ministres, les Conseils européens ne sont publics.

Pour autant, l'Union européenne n'est pas un cartel de gouvernements. Les Parlements nationaux peuvent trouver un partenaire dans le Parlement européen, et ont des compétences pour intervenir dans le cadre de l'élaboration des normes européennes, ainsi que dans leur processus de transcription dans les droits nationaux.

Pour ce faire, l'Assemblée nationale comprend en son sein une commission des Affaires européennes. Celle-ci a un mode de composition spécifique. Les députés qui y siègent le font en plus de leur participation à une des huit commissions permanentes[17]. Ses quarante-huit membres doivent représenter proportionnellement les groupes parlementaires, comme pour toute commission, mais aussi les huit commissions permanentes. Ainsi, toutes les commissions permanentes comptent dans leurs membres des députés qui vont prendre part à une veille permanente sur l'actualité législative de l'Union.

Par ailleurs, les semaines de contrôle[18] de l'Assemblée nationale, soit une semaine sur quatre, ont la faculté de mettre à leur ordre du jour des questions européennes :

```
Art. 48 - Alinéa 8
« (...) Dans le cadre de cette semaine, une séance est
réservée par priorité aux questions européennes.
Lors de cette séance, les réunions du Conseil euro-
péen, ordinaires ou extraordinaires, au sens du 3
de l'article 15 du traité sur l'Union européenne,
peuvent faire l'objet d'un débat préalable devant
l'Assemblée nationale, selon des modalités fixées
par la Conférence des présidents. »
```

---

17. L'organisation des travaux de l'Assemblée nationale au sein de huit commissions permanentes sera décrite dans le chapitre suivant.
18. La division de la session législative en semaines sera décrite dans le chapitre III.

Au passage, nous regretterons le faible usage de cette disposition qui permettrait à l'Assemblée nationale d'entendre le Gouvernement en amont des Conseils européens, comme le font de nombreux parlements nationaux de pays de l'Union avec leur gouvernement.

Par ailleurs, lors de l'examen de tout texte ayant trait à des sujets entrant dans les domaines couverts par l'activité de l'Union européenne, des recensements sont effectués et peuvent constituer de très riches sources d'information :

```
Art. 86 — Alinéa 8
« Les rapports faits sur un projet ou une propo-
sition de loi portant sur les domaines couverts
par l'activité de l'Union européenne comportent
en annexe des éléments d'information sur le
droit européen applicable ou en cours d'élabo-
ration. Le cas échéant, sont également rappelées
les positions prises par l'Assemblée par voie de
résolution européenne. »
```

Une autre démarche de veille sur les questions européennes peut être entreprise dans l'étude d'impact de tout projet de loi[19]. En effet, celle-ci doit notamment comprendre un chapitre consacré à la description de « l'articulation du projet de loi avec le droit européen en vigueur ou en cours d'élaboration, et son impact sur l'ordre juridique interne ; » (Art. 8, alinéa 4, de la loi organique no 2009-403 du 15 avril

---

19. La description de cette étude d'impact sera faite en détail par la suite.

2009 relative à l'application des articles 34-1, 39
et 44 de la Constitution.)

S'agissant de la capacité d'intervention du Parlement dans la procédure législative de l'Union, elle va quant à elle reposer sur un autre outil que sont les résolutions. Il s'agit ici d'un droit constitutionnel du Parlement.

Art. 88-4 de la Constitution
« Le Gouvernement soumet à l'Assemblée nationale et au Sénat, dès leur transmission au Conseil de l'Union européenne, les projets d'actes législatifs européens et les autres projets ou propositions d'actes de l'Union européenne.
Selon des modalités fixées par le règlement de chaque assemblée, des résolutions européennes peuvent être adoptées, le cas échéant en dehors des sessions, sur les projets ou propositions mentionnées au premier alinéa, ainsi que sur tout document émanant d'une institution de l'Union européenne. »

Par ces résolutions, les deux chambres du Parlement peuvent faire connaître leurs avis et propositions d'évolutions des projets d'actes législatifs européens. Cela n'a pas de force contraignante pour les institutions de l'Union européenne, mais cela permet de formaliser un dialogue entre différentes institutions de notre démocratie représentative.

Conclusion

Dès ce premier regard sur des caractéristiques essentielles de l'Assemblée nationale, de son organisation, de ses règles et principes, il apparaît qu'elle est ouverte. Chacun peut y entrer.

Pour ce faire, la première leçon que nous pouvons tirer est en quelque sorte une règle «négative». On ne peut intervenir auprès de l'Assemblée nationale en cherchant à contraindre ou obliger d'une quelconque manière des députés. Toute intervention ne peut être entendue que dans le strict respect de la liberté d'exercice de leur mandat par les élus. Puisque la Constitution interdit les mandats impératifs, nous ne pouvons, en quelque sorte, parler à l'impératif à nos députés.

La proximité des députés sur le territoire offre la possibilité de prendre contact de manière privilégiée avec le ou la députée de sa circonscription afin d'être accompagné dans l'ensemble des démarches, tant pour identifier les travaux législatifs que les députés particulièrement investis sur les sujets visés. Partout en France se trouvent ces cinq cent soixante-dix-sept portes d'entrée de l'Assemblée nationale. Et les temps de rencontres avec «monsieur et madame tout le monde» sont une source d'information vitale pour le travail législatif. Face aux rapports et statistiques ministérielles, la capacité des députés à faire valoir les situations concrètes dont ils ont eu témoignage est une arme redoutable pour discuter des projets gouvernementaux.

Ce dialogue, qui se fait toutes les semaines partout sur le territoire, contribue directement à faire résonner les attentes et colères, les espoirs et propositions, de chacune et chacun d'entre nous, dans l'hémicycle.

De plus, le pluralisme de l'Assemblée nationale doit aussi permettre aux citoyens de se tourner vers des élus avec lesquels nous nous sentons des affinités. Même si la plupart des élus écouteront attentivement chacune et chacun sans considération de leurs orientations politiques, il n'est pas non plus totalement déraisonnable de penser que l'on trouvera, sur certaines questions sensibles, une oreille plus attentive et peut-être une volonté plus ferme de donner suite à une intervention, si l'on s'adresse à une personne que l'on considère comme plus proche politiquement.

Cela permet ainsi de contribuer à renforcer la capacité d'intervention, au sein de l'Assemblée nationale, de la famille politique dont on se sent le plus proche. Cette participation citoyenne peut donc aussi contribuer à faire vivre le pluralisme de cette institution.

Comme nous l'avons vu, la transparence du travail de l'Assemblée nationale met à disposition toutes les informations relatives aux travaux des députés, permettant ainsi d'identifier celles et ceux investis sur les sujets qui nous intéressent.

Alors que l'Assemblée nationale organise, via son service des comptes-rendus, ce travail de transparence, il serait dommage que nous ne nous en saisissions pas, à tel point que nous pourrions finir par nous convaincre que ces travaux nous échappent, nous seraient cachés. C'est donc aussi par l'engagement de tous que cette transparence vivra et qu'elle pourra être une force supplémentaire du pouvoir législatif face au pouvoir exécutif.

Autre leçon de ce premier chapitre : les citoyens, comme les députés, ne peuvent peser à eux seuls. Il convient de faire alliance, de repérer des députés pouvant trouver intérêt à reprendre et appuyer une intervention.

Et comme chacun pourra le vérifier en se lançant dans de telles démarches, à l'Assemblée comme ailleurs, on se fait des relations. Aucune personne n'est «inabordable», ou «inaccessible». Elle peut manquer de temps, ne pas être la bonne interlocutrice pour un sujet précis, mais chaque jour nos élus et leurs équipes sont en discussion avec de nombreux interlocuteurs externes à l'Assemblée. Tout l'enjeu est de trouver la bonne manière, le bon moment, pour envoyer le bon message à la bonne personne. Et en cela, l'Assemblée nationale ne diffère pas de toutes les autres organisations de notre société, de ses entreprises, associations, administrations, ou autres.

Puisque les députés rencontrent, auditionnent de nombreuses structures, intervenir auprès d'associations, syndicats, collectifs, ou ONG — qui sont des interlocuteurs réguliers des parlementaires et dont les actions sont en lien avec leur sujet de préoccupation — peut être une bonne stratégie pour essayer de faire passer une information, une alerte, une proposition. Certaines de ces structures se retrouvent au CESE, dont les travaux sont utiles à suivre.

Mais plus généralement, dans le cadre du fonctionnement de notre démocratie représentative, qui organise la division du travail de délibération et de représentation politique, s'investir dans une association ou un syndicat est probablement l'une des meilleures manières de promouvoir ses idées et convictions, en permettant à ces dernières de nourrir et de contribuer à la délibération collective d'une organisation qui est une interlocutrice reconnue des parlementaires.

Enfin, alors que nous percevons souvent l'Union européenne comme une instance distante, que les réunions des chefs d'État et des ministres se passent à huis clos à Bruxelles, l'Assemblée nationale organise des travaux qui peuvent être investis afin de donner de la force à des procédures démocratiques au sein des institutions de l'Union.

Qu'il s'agisse d'intervenir en amont dans le processus d'élaboration des normes européennes, via des résolutions, ou dans le travail de transcription de celles-ci dans notre droit national au travers de projets de loi, celles et ceux qui s'intéressent plus particulièrement à ce sujet auront donc une attention toute particulière pour les travaux de la commission des Affaires européennes.

Ainsi voyons-nous à l'occasion de cette approche de quelques premières caractéristiques du fonctionnement de l'Assemblée nationale, qu'elle se prête tout particulièrement à être la porte d'entrée naturelle dans nos institutions pour citoyens.

Ce premier regard sur nos institutions pose aussi le «décor» dans lequel va se jouer cette «pièce» de la séparation des pouvoirs et le «caractère des personnages» qui vont y intervenir. Ce qui est une force démocratique, sa transparence, peut vite devenir une faiblesse dans le débat public pour le Parlement. Il donne à voir ses hésitations, ses débats, ses querelles, son temps de travail. En face, le Gouvernement peut donner l'image d'un bloc ordonné qui fait régulièrement des annonces comme si la réalité devait en être subitement changée.

Et pour cause. Qui a déjà entendu des débats entre ministres? Qui a vu ces dizaines de fonctionnaires des administrations centrales, ces membres de cabinets et ministres, travailler pendant des mois sur un projet de loi, hésiter, revenir en arrière, parfois abandonner? Personne, à part les intéressés, pour la bonne et simple raison que tout cela se passe derrière les portes closes des ministères où l'œil du peuple ne rentre pas.

Les qualités démocratiques de l'Assemblée nationale peuvent être des forces pour exercer ses prérogatives et jouer son rôle essentiel de contre-pouvoir face au Gouvernement. Mais cela dépend... de notre regard! Saurons-nous voir, dans le temps du travail législatif, le temps nécessaire de la démocratie? Dans ses débats l'expression d'un nécessaire pluralisme? Et plus encore, dans le fait même que nous puissions voir tout cela, une vertu de transparence?

Ainsi, le peuple des citoyens apparaît déjà, à l'orée de ce parcours, non comme une foule de spectateurs passifs de cette pièce, mais comme un acteur de cette inévitable tragédie. Une clé de voûte de l'équilibre des pouvoirs, selon la manière dont il regardera ceux-ci et selon la manière dont il investira, ou non, les possibilités de participation offertes par la procédure parlementaire que nous allons découvrir.

La faiblesse de l'Assemblée nationale

Les moyens humains et matériels sont tout aussi essentiels à la réalisation de la division et au contrôle des pouvoirs que les règles constitutionnelles. Disposer de ces dernières sans en avoir les moyens revient à les réduire à quelques principes de papier.

Comme l'a décrit l'historien Nicolas Roussellier[20], la bascule entre un régime centré sur le Parlement et un régime centré sur le pouvoir exécutif a, en vérité, commencé bien avant que la Ve République ne vienne graver ce déséquilibre dans le marbre de la Constitution, mais dans la seconde moitié de la IIIe République, pendant et après la Première Guerre mondiale, lorsque le Gouvernement s'est progressivement professionnalisé, structuré, s'est donné des moyens humains et financiers, puis enfin des moyens de procédure.

Pour mener son action, le Gouvernement n'a pas pour seuls moyens ses quelques dizaines de ministres et leurs cabinets, composés d'une petite poignée ou grosse dizaine de personnes selon les ministères.

Car, comme le dit l'article 20 de la Constitution, le Gouvernement « dispose de l'administration ». L'État, et donc le Gouvernement, est présent dans chaque région et département via les préfectures, et bien plus encore via de nombreuses agences et administrations déconcentrées, qui répercutent les politiques publiques décidées par le Gouvernement. En plus d'être des outils d'analyse, d'expertise, qu'il peut mettre à contribution. Et cela est

---

20. Nicolas ROUSSELLIER, *La force de gouverner*, éditions Gallimard, 2015.

encore plus vrai sans compter les milliers de personnes qui œuvrent dans les administrations centrales.

Cette stupéfiante différence de moyens entre le pouvoir législatif et le pouvoir exécutif en vient notamment à limiter la capacité de l'Assemblée nationale à traiter qualitativement la masse des projets de loi du Gouvernement, ou encore à engager tous les travaux de contrôle que les députés jugeraient nécessaires et utiles comme j'ai pu l'observer aux côtés d'un président de commission.

Ces considérations doivent aussi nous interpeler en prévision du jour où nous serions consultés par voie référendaire sur une réforme de nos institutions, et si celle-ci proposait par exemple de modifier le nombre de députés.

Si nous voulons que l'Assemblée nationale puisse véritablement fonctionner de manière plus ouverte et si nous voulons qu'elle puisse peser plus face au Gouvernement, avons-nous intérêt à voter pour une réforme qui proposerait d'en réduire les moyens, déjà si faibles vis-à-vis de ceux du pouvoir exécutif... ? Serions-nous dans une meilleure démocratie avec moins de députés ? Est-il bien nécessaire qu'il y ait une fonction publique parlementaire ? Ces questions ne soulèvent pas uniquement des enjeux administratifs et financiers, mais des enjeux fondamentaux de démocratie.

577 députés : le compte est bon ?

La question du nombre de nos députés revient régulièrement dans le débat public. Des projets de réforme ont envisagé ces dernières années une réduction de celui-ci. Avons-nous trop de députés ?

Premièrement, la réduction du nombre de députés changerait la taille des circonscriptions. Qui dit moins de députés, dit nécessairement des circonscriptions plus grandes, et immanquablement une disponibilité et une accessibilité des élus sur leur territoire réduites en proportion.

Notons que, si une telle réduction du nombre de députés était couplée à l'introduction de ce que l'on appelle « une dose de proportionnelle », le nombre de circonscriptions serait encore plus réduit et leur taille encore augmentée. En effet, une fraction des députés ne serait plus élue au suffrage uninominal sur une circonscription, mais via un scrutin de liste à une échelle territoriale plus large (cela pourrait aussi bien être au niveau départemental, régional que national), ces élus seraient alors « hors circonscription ».

Deuxième conséquence que nous pouvons anticiper, c'est la moindre capacité collective de l'Assemblée nationale à faire face à l'ensemble du travail législatif. Réduire les moyens de celle-ci n'est pas neutre quant à l'équilibre des pouvoirs. Rappelons-nous que « face » au Parlement, le Gouvernement dispose non seulement de ses propres membres et cabinets, mais en réalité de l'ensemble de l'administration. Un ministre ne fait pas face, seul, aux plus de soixante-dix députés d'une commission parlementaire et à des centaines d'entre eux en séance publique : un ministre, son cabinet, et des centaines de hauts fonctionnaires des administrations centrales font face, lors de l'examen d'un projet de loi, à une poignée de députés en responsabilité sur ce texte, à un ou deux administrateurs de l'Assemblée nationale et à quelques assistants parlementaires.

Enfin, conséquence d'une autre nature, mais tout aussi importante au regard de nos principes démocratiques, le pluralisme de l'Assemblée nationale serait affecté par une diminution du nombre de députés. Et cela pour au moins deux raisons.

D'une part, au moment des élections législatives, l'accroissement de la taille des circonscriptions tendrait à uniformiser les résultats. En effet, si toutes les circonscriptions votaient exactement dans les mêmes proportions qu'au niveau national pour chaque famille politique, le même parti gagnerait l'ensemble des circonscriptions. C'est parce que les votes ne sont pas les mêmes d'un territoire à l'autre que les élections législatives, bien que non proportionnelles, arrivent à donner un certain reflet de la diversité politique du pays. Plus on augmenterait le nombre de votants par circonscription, plus les spécificités locales seraient gommées et le « fait majoritaire » serait accentué.

D'autre part, la réduction du nombre de députés réduirait mécaniquement leur nombre par groupe parlementaire. Or, dans l'hypothèse, par exemple, de la réduction d'un tiers du nombre de députés, le passage d'un groupe majoritaire de trois cents à deux cents députés ne l'empêcherait probablement pas de faire face à l'ensemble du travail législatif. Les groupes minoritaires et d'opposition, qui comptent quelques dizaines de députés et sont déjà en difficulté pour travailler de manière qualitative, seraient par contre très affaiblis. À l'Assemblée nationale, comme partout, on ne travaille pas avec des pourcentages de personnes, mais avec des personnes. Pour que le pluralisme s'exprime, il ne suffit pas de préserver la représentation à proportion des familles politiques. Encore faut-il qu'elles disposent d'un nombre minimal de députés suffisant pour mener à bien l'ensemble des travaux appelés.

Cette question du nombre de députés doit donc être regardée avec précautions, pour la garantie du pluralisme de l'Assemblée nationale, pour sa capacité à faire face à la quantité de travail qu'exige l'agenda législatif et donc l'équilibre des pouvoirs qui se joue là, ainsi que pour l'accessibilité à tous de la procédure législative.

577 députés... et qui d'autre ?

Autour des cinq cent soixante-dix-sept députés, ce sont plus de deux mille personnes qui travaillent quotidiennement au fonctionnement de l'Assemblée nationale.

Séparation des pouvoirs oblige, des fonctionnaires de la fonction publique parlementaire, recrutés via un concours spécifique, œuvrent à l'organisation logistique et administrative de l'institution, ainsi qu'à l'accompagnement technique des députés dans leurs missions, dans le cadre des travaux en commission, en séance, et dans celui des différents comités et autres instances de l'Assemblée.

Par ailleurs, chacun des députés a la faculté de recruter, pour l'accompagner aussi bien en circonscription que dans son travail législatif au palais Bourbon, des assistants parlementaires non-fonctionnaires. Ces emplois sont financés via un « crédit collaborateur » qui est de 11 118 euros mensuels (hors charges patronales, sociales et fiscales) à partager pour la rémunération, en principe, d'un maximum de cinq collaborateurs par député. Collaborateur qui ne peut être un conjoint, partenaire lié par un pacte civil de solidarité, ou concubin ; ses parents ou les parents de son conjoint, partenaire lié par un pacte civil de solidarité ou concubin ; ses enfants ou les enfants de son conjoint, partenaire lié par un pacte civil de solidarité ou concubin. Ces emplois font l'objet de contrats de travail à durée déterminée ou à durée indéterminée, de droit privé, et la perte ou la fin du mandat par le ou la députée employeuse entraine automatiquement la rupture de ces contrats.

Les groupes parlementaires eux-mêmes ont la faculté de recruter des personnels administratifs et techniques pour accompagner le fonctionnement du groupe parlementaire et épauler les députés, notamment dans le travail d'analyse des textes, d'organisation d'auditions, de rédactions d'amendements, ou de propositions de loi.

La neutralité attendue des fonctionnaires de l'Assemblée nationale veut que ceux-ci ne puissent que très exceptionnellement être des interlocuteurs pour des personnes extérieures à l'institution.

En revanche, les collaborateurs de députés, conseillers des groupes parlementaires, occupent des fonctions politiques et sont, de ce fait, en situation d'interface vis-à-vis des élus. Ce n'est pas un hasard si certaines entreprises, certains lobbys, cherchent également à cibler ces personnes dans leur stratégie d'influence.

S'agissant des collaborateurs des députés, ils sont nommément identifiés sur la page de présentation de chaque député sur le site Internet de l'Assemblée nationale. Ils doivent par ailleurs être déclarés auprès de la Haute Autorité pour la transparence de la vie politique (HATVP), ainsi que leurs éventuelles autres activités professionnelles et politiques, afin d'éviter d'éventuels conflits d'intérêts.

De nombreuses autres personnes travaillent quotidiennement dans les murs du palais Bourbon et des autres bâtiments qui hébergent l'Assemblée nationale. Des personnels de ménage qui, comme beaucoup d'autres, travaillent pour des sociétés extérieures, à l'image de plusieurs services de restauration. Mais d'autres corps publics sont également présents, comme la Garde républicaine, un bureau de poste, ou des agents de la sécurité civile.

Enfin, en lien avec une des caractéristiques fondamentales du travail parlementaire déjà évoquées, de nombreux journalistes de tous journaux et médias sont présents quotidiennement pour prendre part à la publicité des travaux parlementaires.

Les commissions : si essentielles, si peu

Nous avons vu une première division du corps législatif que forment les cinq cent soixante-dix-sept députés dans leur regroupement en groupes parlementaires. Il existe une deuxième modalité de regroupement des députés et de division du corps législatif : leur répartition dans les commissions permanentes. Toujours dans l'idée de « rationaliser » le Parlement, la Constitution de la Ve République limite à huit le nombre de ces commissions.

Un peu d'histoire :

Ces deux grands modes de division du corps législatif, les groupes parlementaires et les commissions permanentes, n'ont pas toujours existé. Pendant très longtemps, jusqu'à la moitié de la IIIe République environ, les députés étaient répartis tous les mois, de manière tournante et aléatoire, dans des bureaux. Et ce sont ces bureaux qui, après une première discussion sur un projet de loi, nommaient en leur sein, un, deux ou trois députés qui allaient composer une commission spécialement dédiée à ce projet de loi. Ainsi, nul groupe parlementaire, et nulle commission permanente, pendant très longtemps. Les groupes parlementaires vont apparaître progressivement à mesure de la structuration des partis politiques à la fin du XIXe siècle et au début du XXe siècle. Quant aux commissions permanentes, elles apparaîtront progressivement dans les règlements de la Chambre des députés avant de l'intégrer pleinement à la suite d'un débat décisif lors de la séance du 17 novembre 1902. L'un des arguments les plus fréquemment utilisés pour justifier le remplacement du fonctionnement en bureaux et en commissions *spéciales aura été de critiquer l'impact de cette répartition aléatoire des députés en bureaux. Celle-ci conduisait en effet à ce que puissent se trouver, dans un même bureau, plus de députés intéressés et compétents sur un projet de loi que ne pouvait en nommer ce bureau dans la commission spéciale qui allait l'étudier, et qu'à l'inverse, un autre bureau ne compte pas assez de députés intéressés et compétents et soit obligé de nommer tout de même son quota de membres de la commission spéciale. Ainsi, la mise en place des commissions permanentes, sur le modèle de comités du Parlement anglais, a été promue avec l'idée de répartir les députés par matières législatives en fonction de leurs spécialisations. Organisation qui a conduit progressivement à une démultiplication et spécialisation accrue de ces commissions, au point que le pouvoir exécutif, voulant se prémunir de commissions trop puissantes face aux ministères, a conduit à la drastique limitation du nombre de ces commissions dans la Constitution de la Ve République, renvoyant chacune à un périmètre suffisamment large pour obliger à une forme de généralité et pour que la présidence de ces commissions ne puisse pas apparaître comme une sorte de figure de ministre bis.*

C'est entre ces commissions que vont se répartir les travaux législatifs. Qu'il s'agisse de l'étude des propositions et projets de loi, de la mise en place de travaux d'évaluation législative, de la constitution de missions d'information. Elles sont comme autant de mini-Assemblées, en y reproduisant la proportion des groupes parlementaires afin de respecter scrupuleusement les équilibres politiques. Elles se partagent donc les différents domaines législatifs.

Ainsi l'Assemblée nationale est-elle divisée en :

1° *Commission des affaires culturelles et de l'éducation :*

Enseignement scolaire; enseignement supérieur; recherche; jeunesse; sports; activités artistiques et culturelles; communication; propriété intellectuelle;

2° *Commission des affaires économiques :*

Agriculture et pêche; énergie et industries; recherche appliquée et innovation; consommation, commerce intérieur et extérieur; postes et communications électroniques; tourisme; urbanisme et logement;

3° *Commission des affaires étrangères :*

Politique étrangère et européenne; traités et accords internationaux; organisations internationales; coopération et développement; francophonie; relations culturelles internationales;

4° *Commission des affaires sociales :*

Emploi et relations du travail; formation professionnelle; santé et solidarité; personnes âgées; personnes handicapées; famille; protection sociale; lois de financement de la Sécurité sociale et contrôle de leur application; insertion et égalité des chances;

5° *Commission de la défense nationale et des forces armées :*

Organisation générale de la défense; liens entre l'armée et la Nation; politique de coopération et d'assistance dans le domaine militaire; questions stratégiques; industries de défense; personnels civils et militaires des armées; gendarmerie; justice militaire; anciens combattants;

6° *Commission du développement durable et de l'aménagement du territoire :*

Aménagement du territoire; construction; transports; équipement, infrastructures, travaux publics; environnement; chasse;

7° *Commission des finances, de l'économie générale et du contrôle budgétaire :*

Finances publiques; lois de finances; lois de programmation des orientations pluriannuelles des finances publiques; contrôle de l'exécution du budget; fiscalité locale; conjoncture économique; politique monétaire; banques; assurances; domaine et participations de l'État;

8° *Commission des lois constitutionnelles, de la législation et de l'administration générale de la République :*

Lois constitutionnelles; lois organiques; Règlement; droit électoral; droits fondamentaux; libertés publiques; sécurité; sécurité civile; droit administratif; fonction publique; organisation judiciaire; droit civil, commercial et pénal; administration générale et territoriale de l'État; collectivités territoriales.

Chaque député est membre d'une commission et d'une seule. Cela ne l'empêche pas, s'il le souhaite, de participer à des réunions de n'importe quelle commission[21]. Mais il n'a le droit de vote que dans la commission dont il est effectivement membre afin de préserver l'équilibre de la répartition politique des députés d'une commission.

Comme nous le verrons en suivant le processus d'élaboration d'un projet de loi, le rôle des commissions est essentiel dans le travail législatif. Regroupant des députés qui sont spécialistes des sujets traités ou qui sont appelés à se spécialiser progressivement, ce sont aussi des instances essentielles pour l'exercice par l'Assemblée nationale de ses prérogatives de contrôle du pouvoir exécutif, du Gouvernement. En effet, les ministres peuvent y faire face à des députés aguerris et experts.

Nous trouvons, par ailleurs, dans le Règlement, ces anciennes commissions spéciales évoquées dans le point d'histoire précédent, qui sont désormais l'exception. Elles peuvent être composées

---

21. Article 86, alinéa 6 du RAN : « Peuvent participer aux débats de la commission, outre les membres de celle-ci, l'auteur, selon les cas, d'une proposition ou d'un amendement ainsi que, le cas échéant, les rapporteurs des commissions saisies pour avis. La participation du Gouvernement est de droit. »

spécialement pour un texte qui, pour différentes raisons, ne pourrait être réservé à une seule commission. Des députés, représentant à nouveau l'ensemble des groupes parlementaires dans le respect de leurs proportions et issus de plusieurs commissions permanentes, sont alors nommés pour être membres de cette commission spéciale, tout en restant membres de leur commission permanente. Ces commissions spéciales s'éteignent après l'adoption ou le rejet définitif du texte pour lequel elles ont été créées.

Un peu d'histoire :

Lorsque ces commissions spéciales étaient la règle, il arrivait fréquemment que soient ajoutés à leur ordre du jour de nouveaux projets de loi arrivés sur le bureau de la Chambre des députés, discutés par les bureaux, et dont il apparaissait que ladite commission spéciale correspondait à leur domaine législatif.

Cette durée de vie limitée emporte aussi une limitation des droits des députés et celle de la possible participation citoyenne, notamment par l'absence de nomination, dans une telle commission spéciale, du rapporteur d'application dont nous verrons plus loin le rôle important. Retenons ici qu'une commission spéciale est, de ce fait, un mode légèrement dégradé d'exercice du travail parlementaire et de la possibilité de participation citoyenne.

Un peu d'histoire :

Face à cette contrainte de la limitation du nombre de ses commissions permanentes, l'Assemblée nationale agit. Nous pouvons ainsi observer une évolution dans les attributions de ces commissions, en lien avec des évolutions de la société et des problématiques dont nos institutions doivent se saisir. Évolutions qui ont même conduit à ce que ce plafond du nombre de commissions soit rehaussé à l'occasion de la réforme constitutionnelle de 2008, passant de six à huit.

Prenons par exemple des enjeux environnementaux.

Comment, en quelques décennies, les questions environnementales sont-elles apparues dans l'organisation des travaux parlementaires ? En parcourant, de manière non exhaustive, cette petite histoire, nous pourrons identifier certains cadres et certaines procédures plus particulièrement adaptés au traitement de sujets relevant de cette problématique.

1983

Création de la délégation parlementaire dénommée Office parlementaire d'évaluation des choix scientifiques et technologiques par la loi 83-609 du 08 juillet 1983, qui ajoute un Article 6 ter à l'ordonnance 58-1100 relative au fonctionnement des assemblées parlementaires.

Dès cette première rédaction, l'alinéa 7 de cet article prévoit que « La délégation peut recueillir l'avis (...) des associations de protection de l'environnement (...) ».

1995

La loi 95-115 du 04 février 1995, loi d'orientation pour l'aménagement et le développement du territoire, intégrait les politiques de protection de l'environnement dans son champ. Son article 1er commençait ainsi : « Art. 1er. — La politique d'aménagement et de développement du territoire concourt à l'unité et à la solidarité nationales. Elle constitue un objectif d'intérêt général. »

1999

Lorsque la loi 99-533 du 25 juin 1999 est venue la modifier, la préoccupation du développement durable y a été renforcée. Ainsi le début de l'article 1er est devenu : « La politique nationale d'aménagement et de développement durable du territoire concourt à l'unité de la nation, aux solidarités entre citoyens et à l'intégration des populations. »

Mais pour le sujet qui nous intéresse, son article 10 a procédé, par la modification de l'ordonnance 58-1100 du 17 novembre 1958 relative au fonctionnement des assemblées parlementaires, à l'ajout d'un article 6 sexies, créant dans les deux chambres du Parlement une délégation parlementaire à l'aménagement et au développement durable du territoire.

Cet article était ainsi rédigé :

« I. — Il est constitué, dans chacune des deux assemblées du Parlement, une délégation parlementaire à l'aménagement et au développement durable du territoire. Chaque délégation comprend quinze membres.

(...)

II. — Sans préjudice des compétences des commissions permanentes, les délégations parlementaires à l'aménagement et au développement durable du territoire sont chargées d'évaluer les politiques d'aménagement et de développement du territoire et d'informer leur assemblée respective (...) »

2002

Par une proposition de résolution déposée le 31 juillet 2002, l'Assemblée nationale procède à une légère modification de son Règlement. En son article 36, elle modifie l'appellation de sa

« *Commission de la production et des échanges* » en « *Commission des affaires économiques, de l'environnement et du territoire* ».

Exposé des motifs :

« *La dénomination actuelle de la commission de la production et des échanges date de la réforme du Règlement de notre Assemblée intervenue en 1959 à la suite de l'avènement de la V*^{e} *République.*

Par les compétences qui lui étaient attribuées, cette commission remplaçait sept des dix-neuf commissions existant sous la IVe *République : les commissions des affaires économiques ; de l'agriculture ; des boissons ; de la marine marchande et des pêches ; des moyens de communication et du tourisme ; de la production industrielle et de l'énergie ; de la reconstruction, des dommages de guerre et du logement.*

Les auteurs du Règlement de 1959 avaient donc retenu une dénomination qui ne rendait pas compte de la diversité des secteurs relevant de la commission, mais mettait l'accent sur un aspect de ses compétences qui apparaissait essentiel à une époque encore marquée par les exigences de la reconstruction et du redémarrage d'une économie affaiblie par la guerre.

Or, cette dénomination présente aujourd'hui un certain nombre d'inconvénients.

En premier lieu, elle ne rend pas compte des compétences actuelles de la commission de la production et des échanges qui ont évolué depuis 1959. En effet, des pans entiers du droit sont apparus ; il en est ainsi de toutes les dispositions concernant l'environnement, l'écologie et le cadre de vie qui relèvent de la commission de la production et des échanges.

(...)

C'est pour remédier à ces inconvénients que la présente proposition de résolution a été rédigée. Elle propose dans son article premier de modifier l'article 36 du Règlement et de dénommer désormais la commission de la production et des échanges "commission des affaires économiques, de l'environnement et du territoire". »

2008

La réforme de la Constitution modifie notamment son article 43 consacré aux commissions parlementaires. Le plafonnement de celles-ci à 6 est rehaussé à 8.

2009

L'importante modification du Règlement de l'Assemblée nationale qui s'ensuit donne notamment lieu à la division de la commission des Affaires économiques, de l'environnement et du territoire en deux commissions distinctes. D'une part la commission des Affaires économiques, et d'autre part la commission du Développement durable et de l'Aménagement du territoire.

Cette résolution précise en conséquence que cette évolution « conduira à supprimer la délégation parlementaire à l'aménagement et au développement durable du territoire prévue par l'article 6 sexies de l'ordonnance du 17 novembre 1958 relative au fonctionnement des assemblées parlementaires », ce qui sera fait par l'article 3 de la loi 2009-689 du 15 juin 2009.

Évolution de la répartition des champs de compétences, de la commission des Affaires économiques, de l'environnement et du territoire vers les deux nouvelles commissions :

Commission des affaires économiques, de l'environnement et du territoire	Commission des affaires économiques
Agriculture et pêches	Agriculture et pêche
Énergie et industries	Énergie et industries
Recherche technique	Recherche appliquée et innovation
Consommation	Consommation, commerce intérieur et extérieur
Commerce intérieur et extérieur, douanes	Poste et communications électroniques
Moyens de communication et tourisme	Tourisme
Aménagement du territoire et urbanisme	Urbanisme et logement
Équipement et travaux publics	**Commission du développement durable et de l'aménagement du territoire**
Logement et construction	Aménagement du territoire
Environnement	Construction
	Transports
	Équipement, infrastructures, travaux publics
	Environnement
	Chasse

2009

Toujours à la suite de la révision constitutionnelle de 2008, la loi organique relative à l'application des articles 34-1 et 44 de la Constitution va notamment, en son article 7, codifier les « études d'impact » (« un ou plusieurs documents qui rendent compte des travaux d'évaluation préalable réalisés ») devant être jointes à tout projet de loi, dans lesquelles devra figurer « une estimation des conséquences économiques, financières, sociales et environnementales de la réforme. »

Ce petit parcours dans l'émergence et l'installation des questions environnementales dans l'organisation des travaux parlementaires illustre une caractéristique souvent non perçue de nos institutions, à savoir leur évolution permanente. Par petites touches le plus souvent, parfois à grand renfort de réformes constitutionnelles, mais dont les effets sont observés dans les mois et années qui suivent, dans les modifications consécutives, de lois organiques ou de son Règlement, l'Assemblée nationale s'adapte.

Mais de telles évolutions du périmètre des commissions ont des limites. Pour assouplir son organisation et affiner le suivi de nombreux enjeux, l'Assemblée nationale s'est dotée de nombreuses instances.

L'ordonnance n° 58-110 du 17 novembre 1958 relative au fonctionnement des Assemblées parlementaires précise un certain nombre d'aspects du fonctionnement, de l'organisation et des pouvoirs de l'Assemblée nationale et du Sénat.

C'est elle qui constitue certaines des «délégations parlementaires», qui sont des groupes de travail dédiés à certains sujets appelant une veille continue renforcée. Ces délégations ne se substituent pas aux commissions, mais viennent renforcer les travaux parlementaires sur certains sujets.

C'est ainsi que sont constituées les :
- Délégation parlementaire aux droits des femmes et à l'égalité des chances entre les hommes et les femmes.
https://www.assemblee-nationale.fr/dyn/16/organes/delegations-comites-offices/ddf
- Délégation parlementaire au renseignement.
https://www.assemblee-nationale.fr/dyn/16/organes/delegations-comites-offices/delegation-renseignement
- Délégation parlementaire aux outre-mer.
https://www.assemblee-nationale.fr/dyn/16/organes/delegations-comites-offices/dom

Par ailleurs, ont été créées selon d'autres modalités, les :
- Délégation parlementaire aux droits des enfants.

https://www.assemblee-nationale.fr/dyn/16/organes/ delegations-comites-offices/delegation-droits-enfants
- Délégation parlementaire aux collectivités territoriales et à la décentralisation.
https://www.assemblee-nationale.fr/dyn/16/organes/ delegations-comites-offices/dctd

Au-delà de ces délégations, l'Assemblée nationale se dote également, lors de chaque législature, de plusieurs dizaines de groupes d'études thématiques qui, eux aussi, bien qu'ayant moins de moyens que les délégations précédemment listées, vont assurer une veille et une réflexion permanente sur leur sujet spécifique.

https://www2.assemblee-nationale.fr/16/les-groupes-d-etudes

Alors que la politique étrangère est souvent présentée comme le « domaine réservé » du président de la République, l'Assemblée nationale y intervient via sa commission des Affaires étrangères, mais aussi au travers d'une multitude de « groupes d'amitiés ».

Ceux-ci sont constitués lors de chaque législature avec les pays répondant favorablement à trois conditions : être membre de l'ONU, être doté d'un Parlement et entretenir des relations diplomatiques avec la France.

Vis-à-vis de certains pays qui ne répondent pas à ces trois critères, l'Assemblée nationale peut décider la mise en place d'un Groupe d'études à vocation internationale.

https://www2.assemblee-nationale.fr/europe-et-international/ activites-parlementaires-internationales/les-groupes-d-amitie-parlementaires

Conclusion

L'Assemblée nationale coûte trop cher ? Il y a trop de députés ? Voyez plutôt l'incroyable déséquilibre des moyens entre le pouvoir législatif et le pouvoir exécutif. La démocratie ce n'est pas que le vote : c'est aussi, peut-être surtout, la division, l'équilibre et le contrôle des pouvoirs. Nous en sommes très loin... Alors, non seulement l'Assemblée nationale est ouverte et transparente, mais elle a grandement besoin de l'implication des citoyens pour résister face aux forces du pouvoir exécutif.

En plus de ces questions de moyens, nous avons commencé à entrapercevoir l'impact de règles de procédure et cadres constitutionnels, avec la limitation du nombre de commissions permanentes. Sujets que nous retrouverons longuement dans les prochains chapitres.

À ce moment de notre parcours, retenons que les citoyens qui se tournent vers l'Assemblée nationale pour faire valoir des alertes, informations, expertises, expériences ou propositions, peuvent à la fois participer d'un enrichissement utile des démarches d'information et de l'expertise dont peut avoir besoin le pouvoir législatif, et en même temps être confrontés à la faiblesse des moyens de l'institution pour accueillir, traiter et donner suite à ces interventions citoyennes. D'où l'importance d'adapter au mieux la forme, le moment, le contenu et les destinataires de celle-ci.

Pour réaliser ces interventions citoyennes, il est possible d'identifier et nouer des contacts de manière privilégiée avec des collaborateurs de députés et des conseillers des groupes parlementaires eux-mêmes investis sur les sujets visés. Ces collaborateurs seront souvent des interlocuteurs précieux.

L'identité des premiers est publique, figure sur la fiche de présentation de chaque député sur le site Internet de l'Assemblée nationale, et permet de prendre la mesure des moyens limités de telles petites équipes et de l'adaptation nécessaire des interventions qui peuvent être réalisées eu égard à cette caractéristique du travail parlementaire.

Nous avons aussi commencé à voir à l'œuvre une division du travail parlementaire. Rien d'étonnant à cela. Nous retrouvons ici un processus commun à toutes les organisations de notre société.

Et de la même manière que les députés se répartissent le travail parlementaire, du côté des contributions citoyennes, elles ont elles aussi vocation à ne concerner que tel ou tel domaine législatif. C'est donc logiquement que ceux qui voudraient contribuer aux travaux de l'Assemblée nationale se focaliseront sur certains travaux parlementaires, sur une commission en particulier, et même sur une partie plus spécifique de son champ de compétence, une délégation parlementaire ou un groupe d'études.

Cette division du « travail de participation citoyenne », à l'image de la division du travail parlementaire, serait un gage d'efficacité pour les uns et les autres. C'est ainsi que les contributions citoyennes seront les mieux entendues et contribueront à renforcer l'Assemblée nationale.

L'ensemble de ces considérations nous invite aussi à relever que si la démocratie doit être continue, et non se limiter à l'intermittence des élections, alors la participation citoyenne elle-même doit s'exercer de manière continue. Non seulement sous la forme d'interpellations et de propositions à l'attention des élus, mais aussi sous la forme d'un suivi effectif des travaux parlementaires sur lesquels les citoyens peuvent avoir l'ambition d'intervenir.

Le Gouvernement, maître des horloges

On ne sait pas comment le Gouvernement prépare ses projets de loi, qui il consulte, quels arbitrages ont eu lieu dans ses « réunions inter ministérielles ».

On ne sait pas combien de personnes ont été mobilisées dans ses administrations centrales et déconcentrées pour contribuer à l'élaboration de tel ou tel projet de loi.

On ne sait pas non plus combien de jours, semaines, mois ce travail a duré...

Pour une raison simple. Ces informations ne sont pas publiques.

Par contre, le Gouvernement est le maître des horloges de l'Assemblée nationale. Ce qui n'empêche pas des ministres comme des présidents de la République, de se plaindre fréquemment de la « lenteur » du Parlement[22]...

L'Assemblée nationale ne maîtrise qu'une faible part de son ordre du jour. Il revient au Gouvernement de décider du contenu de plus de la moitié des semaines des sessions parlementaires. Il lui appartient aussi de décider des procédures qui s'appliquent à l'examen des projets de loi qu'il inscrit dans ses semaines. Et selon la procédure choisie, le temps laissé au travail parlementaire peut être très réduit et renforcer le déséquilibre des pouvoirs. Le temps est une arme lourde du pouvoir exécutif pour prendre de vitesse et étouffer le Parlement.

Les conséquences de ces droits du Gouvernement sont innombrables, et limitent le pouvoir d'initiative du Parlement, sa capacité

---

22. Nous reviendrons sur ce point en conclusion, chiffres à l'appui.

d'expertise autonome sur les textes qu'il lui soumet, et compressent ses délais pour concevoir et rédiger des amendements.

Ces contraintes lourdes qui pèsent sur les députés ne peuvent que freiner également la participation citoyenne à la procédure parlementaire.

Cette participation est confrontée aux mêmes contraintes que celles rencontrées par les députés et exige le développement d'une nécessaire persévérance, accompagnée d'une veille scrupuleuse sur les opportunités qui permettent de s'introduire dans la procédure législative.

Nous voyons là que cette contrainte est un double danger, à la fois pour le fonctionnement « ordinaire » de l'Assemblée nationale et pour un dialogue enrichi avec la société.

Au-delà du Parlement, c'est sur le débat public dans son ensemble, sur la capacité pour la société à se faire entendre, que pèsent ces droits exorbitants du pouvoir exécutif sur le temps législatif.

Derrière la revendication de rapidité formulée par le Gouvernement, il convient de voir l'intention mal cachée de s'épargner trop de débats et trop de contre-expertises.

Or la démocratie demande du temps !

Ainsi, dans nos institutions, la séparation des pouvoirs a été conçue de manière à ce que l'exécutif tienne en laisse le législatif, en décidant de l'essentiel de ses travaux, ainsi que du temps qui leur sera accordé.

L'ordre du jour, domaine presque réservé

En termes de calendrier, les travaux d'une législature (les cinq années du mandat parlementaire) sont découpés en sessions. D'une part, la session ordinaire, du 1er mardi d'octobre au dernier jour ouvré du mois de juin suivant. D'autre part, d'éventuelles, et en réalité très fréquentes, sessions extraordinaires, souvent en juillet et septembre, plus rarement en août, convoquées par un décret présidentiel sur demande du Premier ministre.

Le planning de la session ordinaire des travaux en séances publiques (celles qui se tiennent dans l'hémicycle, contrairement aux travaux des commissions et autres organes) est organisé en semaines d'initiatives gouvernementales, semaines de contrôle, semaines réservées aux projets de loi de finance, semaines de l'Assemblée nationale, ou journées d'initiatives parlementaires. Il est accessible sur le site Internet de l'Assemblée nationale :

https://www2.assemblee-nationale.fr/static/16/seance/calendrier.pdf

Si nous regardons dans l'ensemble ce calendrier, en considérant que les semaines « vertes » et « grises » sont entièrement à la main du Gouvernement, auxquelles s'ajoutent les sessions extraordinaires qui peuvent intervenir de fin juin à début octobre, nous constatons l'écrasante empreinte du pouvoir exécutif sur l'ordre du jour législatif.

Notons que les semaines de « suspension des travaux » indiquent qu'aucune séance publique ne se tiendra. Cela n'interdit en rien la tenue de travaux des commissions qui, de manière générale, se réunissent au moins la semaine qui précède la reprise des travaux en hémicycle.

Un peu d'histoire :

La durée, le nombre, l'initiative de la convocation des sessions parlementaires ne sont pas uniquement un sujet d'organisation pratique, mais une question hautement politique et d'importance dans l'équilibre des pouvoirs.

L'organisation que nous connaissons aujourd'hui n'est pas celle qui avait été prévue à l'origine de la Ve République. Ainsi, le 27 août 1958, Michel Debré, garde des Sceaux, indiquait lors de sa présentation du projet de Constitution devant l'assemblée générale du Conseil d'État : « *Les assemblées, en régime parlementaire, ne sont pas des organes permanents de la vie politique. Elles sont soumises à des sessions bien déterminées et assez longues pour que le travail législatif, le vote du budget et le contrôle politique soient assurés dans de bonnes conditions, mais aménagées de telle sorte que le Gouvernement ait son temps de réflexion et d'action. Le texte qui vous est soumis prévoit deux sessions ordinaires, l'une à l'automne de deux mois et demi, et destinée avant tout au budget, l'autre au printemps, de trois mois au plus, et destinée avant tout au travail législatif. Des sessions extraordinaires peuvent être décidées à la volonté du Gouvernement ou de la majorité du Parlement : leur objet et leur durée sont limités.* »

Lors de la révision constitutionnelle de 1995 qui instaura l'actuelle session ordinaire de neuf mois, les travaux préparatoires firent notamment remarquer que la période d'intersession était en réalité très insuffisamment utilisée par le Gouvernement lui-même pour préparer ses projets de loi. Par exemple, en 1994, quarante-huit projets de loi avaient été déposés au cours des sessions elles-mêmes, alors que neuf seulement l'avaient été en intersession. Dépôt en inter qui aurait permis aux commissions de dérouler le travail préparatoire pour *permettre l'engagement des travaux en séance publique dès l'ouverture de la session ordinaire.*

Par ailleurs, cette organisation défaillante conduisit à la multiplication des sessions extraordinaires. Ce qui contribua à modifier l'équilibre entre les pouvoirs exécutifs et législatifs, puisque le Gouvernement décide de la convocation et de l'ordre du jour des sessions extraordinaires qui diminuent fortement les droits de contrôle du Parlement.

Nous voyons donc que, derrière ce sujet de « calendrier », se cachent bien des enjeux d'importance pour la qualité des travaux parlementaires et aussi pour le bon fonctionnement de nos équilibres institutionnels.

Quant aux contenus des travaux, il est intéressant d'évoquer un sujet important, que nous retrouverons plus en détail par la suite, à savoir les deux sources du travail parlementaire : l'initiative gouvernementale et l'initiative parlementaire.

L'initiative gouvernementale :

```
Art. 48 — troisième Alinéa
« À l'ouverture de la session, puis au plus tard,
le 1er mars suivant, ou après la formation du
Gouvernement, celui-ci informe la Conférence des
présidents des affaires dont il prévoit de demander
l'inscription à l'ordre du jour de l'Assemblée et
de la période envisagée pour leur discussion. »
```

C'est bien la vue la plus générale et la plus prospective dont nous disposons quant aux travaux législatifs à venir et à l'ordre du jour qui relève du pouvoir exécutif.

https://www2.assemblee-nationale.fr/static/16/ordre_du_jour_previsionnel.pdf

Une focale plus courte est fournie par la « feuille verte », appelée ainsi du fait de sa couleur d'impression. Feuille verte qu'on aperçoit en libre distribution dans les couloirs du palais Bourbon et de différents bâtiments voisins qui accueillent les bureaux des députés.

Ce document est mis à jour tous les mardis midi à l'issue de la Conférence des présidents, composée du ou de la présidente de l'Assemblée nationale, des vice-présidents de l'Assemblée, des présidents des commissions permanentes, des rapporteurs généraux de la commission des Affaires sociales et de la commission des finances, de l'économie générale et du contrôle budgétaire, du ou de la présidente de la commission des Affaires européennes et des présidents des groupes, et lors de laquelle le Gouvernement est représenté, en général par le ministre en charge des relations avec le Parlement[23].

> Art. 48 — Alinéa 6
> « (…) la Conférence des présidents établit, à l'occasion de sa réunion hebdomadaire (…), un ordre du jour pour la semaine en cours et les trois suivantes ».

Il s'agit là des textes et débats inscrits en séance publique. Cette feuille verte est elle aussi accessible sur le site Internet de l'Assemblée nationale.

https://www.assemblee-nationale.fr/agendas/conference.pdf?refresh=true

---

23. Article 47, alinéa 1 du Règlement de l'Assemblée nationale.

Si nous resserrons encore la focale, nous allons arriver à des documents qui détaillent l'activité au jour le jour, séance par séance. Pour l'activité du jour, nous nous reporterons au « feuilleton » quotidien. Celui-ci est précisément codifié par l'Article 20 de l'Instruction générale du Bureau de l'Assemblée nationale :

> « Il est publié, les jours de séance, un feuilleton contenant notamment, en plus des publications au *Journal officiel* prévues par le Règlement :
>
> 1° L'ordre du jour de la séance publique ;
> 2° L'ordre du jour des réunions des commissions, du comité d'évaluation et de contrôle des politiques publiques, des missions, délégations et offices prévues pour la journée, ainsi que, le cas échéant, les convocations et l'ordre du jour sommaire de leurs réunions ultérieures ;
> 3° Les réunions des groupes et toutes autres auxquelles sont convoqués les députés ;
> 4° Les convocations de la Conférence des présidents ;
> 5° Les convocations du Bureau avec l'indication de son ordre du jour sommaire ainsi que le relevé de ses décisions ;
> 6° Toutes informations relatives à la composition de l'Assemblée et aux nominations auxquelles elle procède ;
> 7° La liste des documents parlementaires et extra-parlementaires mis en distribution ;
> 8° Les rectifications apportées, par voie d'*errata*, aux documents parlementaires mis en distribution,

sous réserve, concernant les rapports, des prescriptions du b du 1° de l'article 22 ;
9° Les informations se rattachant à la communication interne et externe de l'Assemblée.
Au cours de la semaine précédant l'ouverture d'une session, il est publié, en cas de nécessité, un feuilleton comprenant, notamment, les informations mentionnées aux 5°, en ce qui concerne le relevé des décisions du Bureau, 6°, 7° et 8° du présent article intervenues pendant l'intersession. »

L'essentiel de ces informations se retrouve dans l'agenda disponible en ligne, permettant une navigation complète dans les travaux à venir de toutes les instances de l'Assemblée : la séance publique comme les commissions, les missions d'informations, commissions d'enquêtes, groupes d'études, commissions spéciales, groupes de travail, Comité d'évaluation et de contrôle des politiques publiques, *etc.*

https://www2.assemblee-nationale.fr/agendas/les-agendas

Enfin, une autre feuille de couleur nous renseigne sur le détail des interventions en séance : la feuille jaune.

https://www2.assemblee-nationale.fr/jaune/affichage

Grâce à ces différents outils, il est donc possible de se repérer dans l'essentiel des travaux en cours et à venir de l'Assemblée nationale.

Le Gouvernement, réducteur de temps

La procédure normale est définie ainsi :

```
Article 91
« La discussion en séance, en première lecture,
d'un projet ou d'une proposition de loi ne peut
intervenir avant l'expiration d'un délai de six
semaines à compter de son dépôt ou de quatre
semaines à compter de sa transmission. Ces délais
ne s'appliquent pas aux projets relatifs aux
états de crise ou si la procédure accélérée a
été engagée. »
```

Le délai d'examen s'entend donc comme celui qui sépare le dépôt du texte et son examen en séance. Cela signifie que son examen en commission doit intervenir dans un délai plus court. Il n'y a donc au mieux que quatre semaines entre le moment où le projet de loi est connu et le moment où il sera débattu en commission, considérant que si le délai de six semaines est incompressible, il n'est jamais, ou qu'exceptionnellement, allongé, et qu'il est prévu un délai minimal de dix jours entre la publication du texte adopté par la commission et son examen en séance.

Cependant, le Gouvernement fait souvent recours à une procédure accélérée, anciennement qualifiée de procédure d'urgence, qui supprime ces délais et réduit le nombre de navettes, c'est-à-dire d'allers-retours du texte entre l'Assemblée nationale et le Sénat.

La procédure peut également être simplifiée, ce qui veut dire que l'examen du texte ne fera pas l'objet d'examen de motions[24] et que seuls les articles sur lesquels des amendements auront été déposés seront mis en discussion.

Enfin, il est également possible de recourir à la procédure de législation en commission. Dans ce cas, certaines prérogatives de l'examen en séance sont ouvertes en commission (participation de l'ensemble des députés, examen d'une éventuelle motion de rejet préalable). Par contre, sauf exception pour des amendements purement techniques de rédaction ou en cas de rejet du texte en commission, l'examen en séance se limitera à la mise au vote du texte tel qu'adopté en commission.

Ainsi, à la croisée de ces questions d'organisation de l'ordre du jour de l'Assemblée nationale, apparaît une autre caractéristique du travail parlementaire. Autant les procédures d'examen des projets de loi confrontent régulièrement les députés à un manque de temps, autant le portage par des députés d'une initiative et son aboutissement demandent souvent beaucoup de temps. Il faut souvent des mois, voire des années pour bénéficier d'une « fenêtre de tir » pour mettre en débat un sujet précis. Soit on l'obtient par le dépôt de l'amendement, à condition qu'un texte en lien à avec le sujet visé qu'on appellera le « véhicule législatif » soit inscrit

---

24. Un certain nombre de termes de notre vocabulaire parlementaire provient de l'anglais, du fait d'une longue histoire parlementaire outre-manche dont notre pays a pu s'inspirer à certaines époques. Le terme de motion est un de ces emprunts, provenant de l'anglais *motion* qui signifie impulsion, incitation, suggestion, proposition. Aussi, les motions qui peuvent être déposées et examinées en plusieurs circonstances dans la procédure parlementaires sont-elles des textes qui invitent l'Assemblée à prendre une décision. Par exemple à refuser un texte, à le renvoyer en commission, ou encore à censurer le Gouvernement.

à l'ordre du jour, soit par l'obtention d'une proposition de loi à l'ordre du jour.

Ainsi, l'une des problématiques fondamentales de l'initiative législative, qu'elle soit d'origine gouvernementale ou parlementaire, est de réussir à être « mise à l'ordre du jour ». Il faut se frayer un chemin dans un ordre du jour de l'Assemblée nationale constamment plein et objet de toutes les stratégies. Il en est de même pour une initiative citoyenne.

Conclusion

Non content d'avoir plus de moyens matériels, financiers, administratifs, humains, le Gouvernement a plus de droits et décide d'une bonne part des droits de l'Assemblée nationale. La démocratie demande du temps. Du temps de réflexion. Du temps de parole. Comment faire entendre sa voix sans cela ? Comment dialoguer ? Comment consulter ? Or, le premier droit du Parlement que le Gouvernement peut restreindre, c'est celui d'avoir du temps pour délibérer.

Que reste-t-il alors aux citoyens à part voter et... attendre ?

Pour rendre la représentation nationale plus démocratique, elle doit être à l'écoute, mais le Gouvernement lui en laisse-t-il le temps ?

En entrant dans ces premières approches de la procédure parlementaire, nous voyons cependant comment nous repérer dans le travail des députés.

Nous avons ainsi eu une nouvelle illustration de l'importance du principe de publicité déjà évoqué. Tous les niveaux d'organisation de l'agenda législatif, de la vue la plus globale jusqu'au moindre détail, sont accessibles à tous, permettant à chacun de s'y repérer, d'identifier les travaux pouvant l'intéresser et ainsi de pouvoir disposer d'informations nécessaires à d'éventuelles interventions.

Derrière ces contraintes globales de temps largement à la main du pouvoir exécutif, l'expérience du travail quotidien à l'Assemblée nationale confronte à des changements de rythmes incessants et à la superposition de calendriers très différents. Lorsqu'un sujet arrive à l'ordre du jour, le temps est compté et souvent très insuffisant. Mais il peut se trouver des mois, parfois des années, avant qu'une question spécifique ne dispose d'un projet ou d'une proposition de loi permettant de proposer des dispositions législatives à son sujet. Comme nous le verrons, certaines procédures permettent aux députés de mettre à profit ces délais pour des démarches d'anticipation. Ainsi, le travail parlementaire navigue entre précipitation et tentative d'anticipation dans le plus grand flou quant à leur aboutissement. Cela invite les acteurs du travail parlementaire à cultiver deux attitudes complémentaires. D'une part, il faut être capable de la plus grande réactivité et d'un parfait opportunisme dès qu'une possibilité d'inscription d'un sujet à l'ordre du jour se présente. Mais d'autre part, pour être efficace ce jour-là, il convient d'avoir bien en amont, sans aucune certitude sur le moment où une « fenêtre de tir » se présentera, ni même si elle se présentera.

La participation citoyenne au travail parlementaire ne peut qu'être confrontée à cette même double temporalité. Cela implique une certaine veille sur l'agenda législatif, afin de ne pas laisser passer l'opportunité de faire aboutir une proposition. Mais en attendant celle-ci, toutes les occasions doivent être saisies pour travailler cette proposition, la faire connaître, peut-être la faire évoluer et l'améliorer à mesure des échanges. Dans l'organisation des travaux parlementaires, à défaut de pouvoir aboutir immédiatement à une disposition législative, un même sujet peut être mis à l'ordre du jour une semaine de contrôle par exemple.

C'est ainsi, en coordonnant leurs temporalités de travail et en partageant des projets à long terme, que citoyens et députés organiseront au mieux leur coopération.

Des pouvoirs équilibrés ?

Dans la partie suivante, nous regarderons en détail le parcours de l'élaboration de la loi. Nous allons en cette fin de première partie nous arrêter sur la description des « armes » à la disposition des acteurs parlementaires et gouvernementaux dans cette bataille[25].

Comme son nom l'indique, un droit d'initiative doit permettre à des députés de faire advenir des sujets nouveaux, de faire émerger dans la délibération parlementaire des questions « à partir de rien », dans le cas des propositions de loi, ou à partir des propositions ou projets de loi, dans le cas du recours aux amendements.

Mais cette faculté d'initiative va apparaître dans les strictes limites procédurales qui l'encadrent. On pense notamment à l'interdiction d'avoir le moindre coût financier, ou à des délais encadrés, pendant que les outils de procédure dont dispose le Gouvernement sont légion.

Ainsi, le cœur même du travail parlementaire apparaît marqué d'un déséquilibre fort entre le pouvoir exécutif et le pouvoir législatif.

Qu'il s'agisse de faire la loi ou d'exercer ses prérogatives de contrôle du Gouvernement et d'évaluation des politiques publiques, la faiblesse de l'Assemblée nationale entraine toute notre

---

25. Comme cela apparaît dans la rédaction même du Règlement de l'Assemblée nationale, il n'y a pas d'ordre totalement logique pour la description de la procédure parlementaire, ses différents éléments interagissent et il est inévitable de devoir utiliser, par moments, des notions qui ne sont pas encore expliquées en détails. Notre parcours ne peut échapper à cette difficulté et certains points de procédure qui apparaîtront dans ce chapitre seront développés dans le suivant.

démocratie sur une pente dangereuse. Comment faire confiance à une institution entravée pour contrôler l'exécutif ? Comment faire confiance à une institution censée forger l'intérêt général et voter la loi qui doit l'incarner si elle peut être largement, voire complètement, contournée par le Gouvernement ?

Cette faiblesse de l'Assemblée nationale est un danger pour notre contrat social.

Plus nous avançons dans ce parcours de l'organisation, du travail quotidien et des procédures du travail parlementaire, plus apparaît, au-delà même de la question stricte de la participation citoyenne à ces travaux et de l'ouverture de notre démocratie représentative que cette participation permettrait, le défi d'une contribution citoyenne au rééquilibrage de nos institutions et au bénéfice d'une démocratie forte.

Face à cette faiblesse structurelle de l'Assemblée nationale, la participation citoyenne peut être d'un renfort décisif. L'une des armes que les citoyens peuvent fournir aux parlementaires est la légitimité de leurs propositions.

Des députés qui pourraient faire valoir un soutien populaire à une initiative pourraient peser sur le Gouvernement pour réaménager l'agenda législatif.

Certes, face à l'article 49.3, rendu célèbre à l'occasion de la réforme des retraites en 2023, il n'existe pas de parade absolue. Par contre, une Assemblée nationale qui serait beaucoup plus en lien avec les citoyens davantage investis dans son travail quotidien aurait une légitimité démocratique renforcée. Et c'est cette légitimité qui serait une arme réelle face au pouvoir exécutif.

Les députés entravés

De « grandes » et de « petites » lois

Comme nous l'avons déjà évoqué, il existe deux sources de la loi. Les parlementaires peuvent déposer des textes qui s'appellent des propositions de loi. Le Gouvernement de son côté dépose des projets de loi.

Il s'agit là du droit d'initiative : le droit de proposer une législation à partir de rien. L'attribution de ce droit d'initiative au Parlement ou au Gouvernement, ou encore le partage plus ou moins équitable entre les deux, relève d'un équilibre qui dit souvent beaucoup de la nature des régimes politiques. Le reflux de l'initiative parlementaire est rarement un bon signe pour les libertés publiques et la démocratie.

Un peu d'histoire :

Par exemple, la Constitution du 14 janvier 1852 confia non seulement le droit d'initiative au chef de l'État, mais ne réduit à presque rien le droit d'amendement des parlementaires, qui est une déclinaison de ce droit d'initiative, en indiquant notamment dans son préambule, qui était en l'espèce une déclaration de Louis Napoléon, président de la République, que : « *Le corps législatif discute librement la loi, l'adopte ou la repousse, mais il n'y introduit pas à l'improviste de ces amendements qui dérangent souvent toute l'économie d'un système et l'ensemble du projet primitif. À plus forte raison, n'a-t-il pas cette initiative parlementaire qui était la source de si graves abus, et qui permettait à chaque député de se substituer à tout propos au Gouvernement, en présentant les projets les moins étudiés, les moins approfondis.* »

Ces « projets les moins étudiés, les moins approfondis » sont ce que nous appelons aujourd'hui les propositions de loi, qui sont d'origine parlementaire.

Une proposition de loi comporte trois parties. Un exposé des motifs, la présentation des articles et enfin les articles.

Ici, nous allons aborder le caractère « bilingue » du travail parlementaire, qui parle en français et en droit. Ainsi les deux premières parties d'une proposition de loi sont lisibles sans aucune connaissance juridique. L'exposé des motifs est un texte général qui présente les intentions du ou des auteurs. La présentation des articles va expliquer ce que ceux-ci changent ou ajoutent au droit existant. Autant la lecture des articles d'une proposition de loi suppose de se familiariser avec l'écriture « législative », autant les deux premières parties sont amplement accessibles à qui souhaite s'informer ou nourrir un projet d'intervention citoyenne.

Dans le cadre d'une relation approfondie avec un député, il est parfaitement envisageable d'engager un travail qui pourra conduire à l'élaboration d'une proposition de loi. Comme nous le verrons, son dépôt n'est pas toujours synonyme de mise à l'ordre du jour. Cela peut être pour les députés eux-mêmes une façon de faire avancer un sujet, de le promouvoir auprès de leurs collègues et du Gouvernement. Et les dispositions contenues dans une proposition de loi peuvent être reprises à une autre occasion, sous forme d'amendements à un projet de loi.

J'ai participé à l'élaboration de plusieurs propositions de loi sur des sujets très variés et j'ai souvent connu ce moment où il a fallu les « découper en tranches » pour en faire des amendements à des projets de loi qui font ensuite l'objet des négociations avec le Gouvernement. Cette situation concerne aussi bien des députés d'une majorité que de l'opposition. Parfois même, on ne peut déposer sur un projet de loi que des amendements ne reprenant qu'une petite partie de la proposition de loi initiale. Mais par pragmatisme, au regard de la difficulté à faire aboutir des projets, les députés doivent souvent passer par de tels compromis pour faire avancer les causes qui leur sont chères.

Ainsi, citoyens et députés peuvent s'inscrire dans une démarche commune visant, par la rédaction et le dépôt d'une proposition de loi, à créer un précédent dans le cadre d'une démarche de plus long terme. De même que, comme nous le verrons, on parle parfois d'amendements d'appel, nous pouvons aussi parfois considérer certaines propositions de loi comme étant elles aussi « d'appel ».

De son côté, au moment du dépôt, un projet de loi se présente comme une proposition de loi, à une exception près. Et elle est de taille. Il comporte une quatrième partie qui n'existe pas dans les propositions de loi, à savoir son étude d'impact.

Ce document est essentiel pour le travail des parlementaires et il peut être une porte d'entrée idéale pour des contributions citoyennes. Cette entrée est même formellement proposée dans la procédure législative.

Comme le reste d'un projet de loi, le contenu de l'étude d'impact est précisément codifié.

Article 8 de la loi organique n° 2009-403 du 15 avril 2009 relative à l'application des articles 34-1, 39 et 44 de la Constitution

« Les projets de loi font l'objet d'une étude d'impact. Les documents rendant compte de cette étude d'impact sont joints aux projets de loi dès leur transmission au Conseil d'État. Ils sont déposés sur le bureau de la première assemblée saisie en même temps que les projets de loi auxquels ils se rapportent.
Ces documents définissent les objectifs poursuivis par le projet de loi, recensent les options possibles en dehors de l'intervention de règles de droit nouvelles et exposent les motifs du recours à une nouvelle législation.
Ils exposent avec précision :
— l'articulation du projet de loi avec le droit européen en vigueur ou en cours d'élaboration, et son impact sur l'ordre juridique interne ;
— l'état d'application du droit sur le territoire national dans le ou les domaines visés par le projet de loi ;
— les modalités d'application dans le temps des dispositions envisagées, les textes législatifs et règlementaires à abroger et les mesures transitoires proposées ;

— les conditions d'application des dispositions envisagées dans les collectivités régies par les articles 73 et 74 de la Constitution, en Nouvelle-Calédonie et dans les Terres australes et antarctiques françaises, en justifiant, le cas échéant, les adaptations proposées et l'absence d'application des dispositions à certaines de ces collectivités ;

— l'évaluation des conséquences économiques, financières, sociales et environnementales, ainsi que des coûts et bénéfices financiers attendus des dispositions envisagées pour chaque catégorie d'administrations publiques et de personnes physiques et morales intéressées, en indiquant la méthode de calcul retenue ;

— l'évaluation des conséquences des dispositions envisagées sur l'emploi public ;

— les consultations qui ont été menées avant la saisine du Conseil d'État ;

— s'il y a lieu, les suites données par le Gouvernement à l'avis du Conseil économique, social et environnemental ;

— la liste prévisionnelle des textes d'application nécessaires. »

Ainsi, ce document permet d'appréhender de nombreux aspects du projet, son environnement juridique français et européen, ainsi que ses motivations, moyens et objectifs. En cela, il recèle de très nombreuses informations qui permettent de comprendre le projet et son environnement. La lecture de ce document est fortement recommandée pour toute personne qui voudrait s'emparer d'un projet de loi.

Et comme indiqué précédemment, une possibilité de contribution citoyenne sur ces études d'impact y est explicitement prévue.

Article 83 — Alinéa 2
« Les documents qui rendent compte de l'étude d'impact réalisée sur un projet de loi soumis en premier lieu à l'Assemblée sont imprimés et distribués en même temps que ce projet. Ils sont mis à disposition par voie électronique, afin de recueillir toutes les observations qui peuvent être formulées. »

https://etudesimpact.assemblee-nationale.fr/

Et cette participation se retrouve également en annexe du rapport de la commission.

Art. 86 — Alinéa 9
« Les rapports faits sur un projet de loi déposé sur le bureau de l'Assemblée comportent en annexe un document présentant les observations qui ont été recueillies sur les documents qui rendent compte de l'étude d'impact jointe au projet de loi. »

On peut relever le fait qu'une étude d'impact insatisfaisante peut être un motif de refus de l'examen du projet de loi par la première Assemblée saisie. En effet, l'article 47-1 du Règlement de l'Assemblée nationale donne à la Conférence des présidents de ladite Assemblée dix jours à partir du dépôt du projet de loi pour constater une éventuelle carence. Dans ce cas, si une décision de renvoi au Gouvernement est adoptée et que le Gouvernement ne s'y range pas, c'est au Conseil constitutionnel de trancher le litige, ce qui, une fois de plus, relativise beaucoup ce droit du pouvoir législatif.

Au-delà de l'étude d'impact, plusieurs différences existent entre les propositions et projets de loi.

```
Art. 48 — Alinéa 9
« La conférence[26] arrête, une fois par mois, l'ordre
du jour de la journée de séance prévue par l'ar-
ticle 48, alinéa 5, de la Constitution. Les groupes
d'opposition et les groupes minoritaires font
connaître les affaires qu'ils veulent voir inscrire
à l'ordre du jour de cette journée au plus tard
lors de la Conférence des présidents qui suit la
précédente journée réservée sur le fondement de
l'article 48, alinéa 5, de la Constitution. Les
séances sont réparties, au début de chaque session
ordinaire, entre les groupes d'opposition et les
groupes minoritaires, en proportion de leur impor-
tance numérique. Chacun de ces groupes dispose
de trois séances au moins par session ordinaire,
lesquelles peuvent, à la demande du groupe concerné,
être réparties sur plusieurs jours du même mois. »
```

Ces journées réservées aux groupes d'opposition et minoritaires sont ce que l'on appelle les « niches parlementaires ». Ce

---

26. Il s'agit de la Conférence des présidents.

sont des journées de séance dont l'ordre du jour est établi par le groupe dont c'est la «niche». Dans cette journée, un groupe va pouvoir faire examiner certaines des propositions de loi portées par ses membres.

Les propositions de loi sont des textes comportant un à plusieurs articles et il est évident qu'un texte trop long ne pourrait pas être examiné en une journée. D'où la contrainte forte que s'imposent naturellement les groupes parlementaires : la taille très réduite des textes en comparaison avec les projets de loi déposés par le Gouvernement qui, eux, peuvent bénéficier d'autant de temps de séance que nécessaire pour finaliser leur examen.

La taille réduite de ces textes est également en lien avec les moyens du Parlement et des députés que nous avons évoqués dans le chapitre précédent. Le temps disponible, les moyens humains mobilisables sont faibles au regard des moyens du Gouvernement qui, en plus de ses propres équipes, peut mobiliser ses administrations centrales pour la préparation et l'écriture des textes.

Ici, nous voyons l'effet cumulé de plusieurs faiblesses de l'Assemblée nationale sur un point décisif : le droit d'initiative des députés, leur capacité à proposer de nouvelles lois, la faiblesse de leurs moyens ainsi que ceux de l'Assemblée nationale, le manque de temps pour préparer ces textes et de temps réservé dans l'agenda législatif à ces initiatives parlementaires, conduisent en réalité à réduire ce droit à presque rien.

Ce qui a pour conséquence que la très grande majorité des problématiques traitées par le Parlement est mise à l'ordre du jour, donc imposée par le Gouvernement.

Ainsi, dans le cadre de notre actuelle Constitution, le Gouvernement est libre de dérouler son agenda législatif et de ne laisser que quelques miettes à l'initiative parlementaire. Mais notons que rien ne l'empêche, dans le respect des règles de fonctionnement de nos institutions, de donner plus de place à cette initiative. Ce point doit attirer notre attention. Comme tout système de règles, celles qui organisent les travaux de l'Assemblée nationale et ses relations avec le Gouvernement définissent des obligations et des interdictions, mais laissent beaucoup de marges de manœuvre aux acteurs.

C'est comme les lois qui s'appliquent à nous. Elles aussi fixent les bornes de comportements interdits et obligatoires, mais, entre les deux, nous sommes libres de prendre des décisions et de choisir des comportements différents.

Ce que l'on observe donc dans le fonctionnement des relations entre le Gouvernement et l'Assemblée nationale, c'est que, quasi systématiquement, le premier fait le choix de recourir au maximum de ses droits et de limiter à leur minimum les droits des parlementaires. Mais cela relève bien d'un choix, non d'une nécessité.

Au début de la XVIe législature, qui a commencé après les élections législatives de juin 2022, j'ai participé à un travail visant à faire des propositions à la présidente de l'Assemblée nationale pour une meilleure utilisation de la procédure parlementaire, sans en changer l'écriture.

Par ce travail, nous avons montré que la procédure parlementaire peut être utilisée différemment par ses acteurs : groupes parlementaires, Conférence des présidents et gouvernement, notamment.

À droit constant, c'est-à-dire sans engager une procédure visant à modifier le règlement ou des lois, il est apparu que des points essentiels que nous avons déjà croisés, comme le temps d'examen des textes, le temps d'ordre du jour laissé pour les initiatives parlementaires, l'expression du pluralisme de l'Assemblée nationale, pouvaient être fortement améliorés.

De plus, la manière dont s'est engagée cette législature a démontré que ces différents acteurs n'avaient pas trouvé d'accord pour pratiquer différemment la procédure parlementaire...

Nous pouvons cependant en tirer une conclusion optimiste : c'est possible.

Or, pour ce qui concerne les voies et moyens d'une participation citoyenne au travail parlementaire, que nous avons commencé à identifier, c'est bien par la pratique, avec d'autres usages de nos procédures, que nous pouvons, là aussi, agir à droit constant.

Les citoyens peuvent faire de l'Assemblée nationale un usage différent de celui qu'ils font, ou le plus souvent, de celui qu'ils ne font pas.

Le droit d'amendement

Nous venons de voir ce que sont les propositions et projets de loi. Nous devons nous arrêter sur l'outil qui va servir à retravailler ces textes dans le cadre de leur examen, à savoir les amendements. Ils sont à la disposition tant des députés que du Gouvernement, mais encore une fois, dans des conditions fort différentes.

Un amendement est une proposition de modification du texte examiné. Un amendement ne peut porter que sur un seul article du projet de loi, ou ne proposer la création que d'un seul article additionnel. Il peut proposer des modifications de rédaction (remplacement ou suppression d'un mot, d'un membre de phrase, d'une phrase, d'un ou plusieurs alinéas[27]).

---

[27]. Les projets ou propositions de loi se composent d'alinéas, qui sont des blocs de textes séparés, d'une ou plusieurs phrases.

Comme le précise l'article 13 de la Loi organique n° 2009-403 du 15 avril 2009 relative à l'application des articles 34-1, 39 et 44 de la Constitution : « Les amendements sont présentés par écrit et sont sommairement motivés. » Cela signifie qu'ils sont suivis d'un texte qui, en réalité, est de longueur laissée libre à chaque auteur, visant à expliquer le dispositif légistique[28] de son amendement, mais aussi, autant qu'il le souhaite, les motivations de son dépôt.

Comme nous l'avons déjà indiqué, il existe un lien fort entre proposition de loi et amendement dans l'exercice de leur droit d'initiative par les députés. Si l'occasion se présente, les députés essaieront de déposer un ou plusieurs amendements sur un texte le leur permettant, pour reprendre en totalité ou en partie une proposition de loi qu'ils n'auraient pas encore eu la possibilité d'inscrire à l'ordre du jour. Ou en provenance d'une proposition de loi qui aurait été rejetée, alors même qu'elle ne pourrait, de ce fait, plus être représentée dans un délai d'un an (Article 84 Alinéa 3 du Règlement de l'Assemblée nationale).

Comme nous l'avons déjà vu, le temps est compté précisément dans le travail parlementaire. Mais de plus, plusieurs comptes à rebours sont enclenchés lors de l'examen d'un projet de loi. Celui des quelques semaines avant l'arrivée du texte en séance publique et des travaux de la commission à organiser avant. Mais aussi celui des délais de dépôt des amendements, en amont de ces discussions.

```
Art. 86 — Alinéa 5
« Les amendements (...) doivent être soumis par leurs
auteurs au secrétariat de la commission au plus
```

---

28. En droit, la légistique est l'ensemble des règles d'écriture des textes normatifs (lois, décrets, *etc.*).

tard le troisième jour ouvrable précédant la date de début de l'examen du texte à 17 heures ». Ce qui signifie qu'ils sont rédigés bien avant.

Comme déjà évoqué, le droit d'amendement est individuel. Des discussions et régulations ont lieu au sein des groupes. Souvent, des amendements sont déposés au nom de tous les députés d'un groupe. Mais très souvent également, des amendements sont déposés par une fraction des députés d'un groupe ou par un seul député, ou parfois encore de manière transpartisane.

Cependant, nous relevons que le délai défini par Art. 86 — Alinéa 5 connaît des exceptions. Le rapporteur[29], notamment, peut déposer des amendements, non seulement jusqu'au début de l'examen du texte en commission, mais même pendant l'examen du texte sur des articles n'ayant pas encore été discutés.

Cette liberté laissée au rapporteur peut avoir plusieurs usages. Elle permet à cet acteur clé de l'examen d'un texte de déposer un amendement qui n'avait pas été envisagé, mais dont l'utilité apparaîtrait au cours de la discussion entre les députés. Mais cela peut aussi offrir une opportunité stratégique.

C'est cette opportunité que nous avions saisie avec un député d'opposition ayant déposé une proposition de loi alors qu'il était certain que la majorité n'y serait pas favorable. Nous avions préparé ce que l'on appelle un amendement « de repli », c'est-à-dire une proposition moins ambitieuse que celle initialement prévue dans le texte. La stratégie consistait à attendre que la discussion ait eu lieu sur la proposition principale, de laisser les arguments, notamment

---

29. Député nommé par la commission pour organiser le travail de celle-ci sur le texte examiné et qui sera amené à rédiger un rapport en prévision de son examen en séance.

contre, s'exprimer, de constater l'opposition de la majorité, et alors seulement de proposer notre amendement en essayant d'argumenter celui-ci à la faveur même des arguments qui avaient été opposés à la proposition principale.

Si cette stratégie a permis de mettre en évidence le refus catégorique de la majorité d'alors, elle n'a cependant pas été de nature à faire adopter cette position de repli. Nous retrouvons ici ce lot quotidien du mandat de député, qui demande beaucoup d'obstination et de persévérance pour faire aboutir ses initiatives.

Idem pour le Gouvernement qui, lui, de plus, bénéficie de telles exemptions, même pour l'examen en séance. Ainsi, même sur ce droit fondamental des députés, le Gouvernement garde l'avantage.

La censure de la « recevabilité »

Ce droit d'initiative des députés va se trouver encadré, limité, par des règles de recevabilité.

```
Art. 81
« Le dépôt des propositions de loi présentées
par les députés est subordonné à leur recevabi-
lité, laquelle est préalablement appréciée dans
les conditions prévues par le chapitre III de la
présente partie. »
```

Plusieurs articles de la Constitution mettent des limites à la recevabilité des initiatives parlementaires. Nous trouverons d'abord le fameux « article 40 » (lui aussi rendu célèbre à l'occasion de la réforme des retraites de 2023) qui pose des critères de recevabilité financière.

Art. 40 de la Constitution

« Les propositions et amendements formulés par les membres du Parlement ne sont pas recevables lorsque leur adoption aurait pour conséquence soit une diminution des ressources publiques, soit la création ou l'aggravation d'une charge publique ».

Nous comprenons là que cette limite est particulièrement drastique. Les amendements et propositions de loi portés par des députés doivent en quelque sorte proposer des dispositifs à « budget constant ». Cependant, une indulgence peut être appliquée aux propositions de loi, dont l'examen est toléré par le Bureau de l'Assemblée, quand bien même elles prévoiraient des dépenses nouvelles en proposant des recettes associées, mais à condition que l'irrecevabilité au titre de l'article 40 ne soit pas soulevée par des députés qui en demanderaient l'examen à la présidence de la commission des Finances[30].

L'article 41 de la Constitution prévoit la possibilité pour le Gouvernement ou le président de l'Assemblée nationale d'opposer l'irrecevabilité à une proposition ou un amendement qui ne serait pas du domaine de la loi. C'est-à-dire à un amendement qui empièterait sur le domaine règlementaire qui relève des compétences du Gouvernement, ou qui serait contraire à une délégation accordée en vertu de l'article 38 de la Constitution. Cet article organise la procédure de législation par ordonnance. Si le Parlement a accordé une telle habilitation au Gouvernement, il ne peut pas, dans le même temps, légiférer sur le domaine ainsi délégué.

---

30. Ce point de procédure a fait l'objet, en 2023, de débats d'interprétation très virulents à l'occasion de l'examen d'une proposition de loi visant à revenir sur le report de l'âge légal de départ à la retraite à 64 ans.

De manière spécifique aux amendements s'applique en plus un critère de recevabilité qui vérifie le lien de l'amendement avec le texte, prévu à la deuxième phrase du premier alinéa de l'article 45 de la Constitution : « Sans préjudice de l'application des articles 40 et 41, tout amendement est recevable en première lecture dès lors qu'il présente un lien, même indirect, avec le texte déposé ou transmis[31]. »

Au risque de se faire rejeter comme « cavalier législatif », un amendement doit présenter un lien, même indirect, avec les dispositions prévues par le projet ou la proposition de loi qu'il propose de modifier.

Un peu d'histoire :

Le droit d'amendement est un des piliers du droit des parlementaires et participe pleinement de leur droit d'initiative. Cependant, il a pu connaître des restrictions ou extensions variées selon les époques.

Ainsi, alors que pèsent aujourd'hui sur les parlementaires les restrictions du fameux article 40 de la Constitution, le même article 40, mais de la Constitution du 14 janvier 1852, celle du Second Empire, était ainsi rédigé : « Tout amendement adopté par la commission chargée d'examiner un projet de loi sera renvoyé, sans discussion, au Conseil d'État par le président du Corps législatif. — Si l'amendement n'est pas adopté par le Conseil d'État, il ne pourra pas être soumis à la délibération du Corps législatif. » À tout prendre...

---

31. Notons que ces restrictions au droit d'amendement font régulièrement l'objet de contestations par les députés eux-mêmes, tant quant à leur appréciation que dans leur principe. En effet, les instances opérant l'analyse et l'éventuelle censure des amendements proposés ne relèvent pas d'une délibération transparente et s'apparentent davantage à des instances administratives. Par ailleurs, le principe même de ces restrictions au droit d'amendement font régulièrement l'objet de contestations et de propositions d'évolutions de notre droit.

Mais à l'inverse, il fut admis et pratiqué un droit de présenter un amendement général, qui se présentait en fait comme un contre-projet. Ce que nos amendements actuels ne peuvent pas faire, devant se limiter à aborder un seul article.

Cependant, même ces amendements généraux pouvaient être touchés par l'ancêtre de la disposition figurant à l'Article 45 de la Constitution et qui exige un lien « même indirect » avec le texte amendé, pour éviter d'être jugé comme cavalier législatif, et le président de la Chambre des députés pouvait faire des réserves dans le cas où l'amendement apporté soulevait des questions totalement étrangères au texte en discussion.

Par exemple, « dans la séance de la Chambre des députés du 16 novembre 1880, M. le président Gambetta a refusé de considérer comme contre-projet à une loi sur l'organisation de la magistrature un amendement qui traitait du Conseil d'État et de la Cour de cassation. L'auteur de l'amendement réclama au procès-verbal de la séance suivante, le 18 novembre, et insista pour développer son amendement : "Le Conseil d'État et la Cour de cassation, disait-il, font partie de l'organisation de la justice." Le président répondit : "C'est bon en philosophie, où tout est dans tout, mais en matière parlementaire on ne peut mettre en discussion que ce qui se rattache au sujet à l'ordre du jour." L'interprétation du président fut maintenue et l'amendement ne fut pas développé[32]. »

Où nous voyons aussi un important point commun à toutes les époques du fonctionnement du Parlement, à savoir la question de l'interprétation de ses règles, qui suppose régulièrement des discussions et des décisions.

---

32. Eugène PIERRE, *Traité de droit politique électoral et parlementaire*, pp. 735-736, Éd. 1893.

Les jokers du Gouvernement

Comme s'il ne suffisait pas que le droit d'initiative parlementaire soit strictement encadré, il fallait encore que la Ve République prévoie des passe-droits pour le Gouvernement, comme autant de jokers à utiliser dans cette partie qui se joue sur la ligne d'équilibre, ou plus exactement de déséquilibre de nos pouvoirs.

Des ordonnances qui ne soignent pas la démocratie

Autant le Parlement ne peut pas empiéter sur le pouvoir réglementaire du Gouvernement, comme nous l'avons vu dans les contraintes de recevabilité des initiatives parlementaires, autant le Gouvernement, lui, peut demander à se faire habiliter, c'est-à-dire à se faire autoriser par le Parlement le droit de légiférer par ordonnances.

Dans cette procédure, en plus que de perdre une large part de ses prérogatives quant à l'écriture de la loi, le Parlement avance aussi les yeux à demi fermés, les demandes d'habilitation n'étant accompagnées que d'études d'impacts partielles.

> Article 11, alinéa 2 de la loi organique n° 2009-403 du 15 avril 2009 relative à l'application des articles 34-1, 39 et 44 de la Constitution :
> « Les dispositions des projets de loi par lesquelles le Gouvernement demande au Parlement, en application de l'article 38 de la Constitution, l'autorisation de prendre des mesures par ordonnances sont accompagnées, dès leur transmission au Conseil d'État, des documents visés aux deuxième à septième alinéas et à l'avant-dernier alinéa de l'article 8. »

Il va sans dire que l'engagement d'une telle procédure réduit à presque rien la capacité de participation des citoyens à l'élaboration de ces législations.

Amendements hors délais

Nous avons vu que le droit d'amendement des députés est strictement encadré par des délais à respecter, ainsi que par des conditions de recevabilité. Comme nous l'avons entraperçu, ces restrictions ne pèsent pas sur le Gouvernement.

Art. 99 — Alinéa 2

« Après l'expiration du délai de dépôt prévu à l'alinéa précédent, sont seuls recevables les amendements déposés par le Gouvernement ou la commission saisie au fond. Lorsque le Gouvernement ou la commission saisie au fond fait usage de cette faculté, ce délai n'est plus opposable aux amendements des députés portant sur l'article qu'il est proposé d'amender ou venant en concurrence avec l'amendement déposé lorsque celui-ci porte un article additionnel. »

En effet, non seulement l'article 40 de la Constitution ne crée de restrictions sur l'impact financier des amendements que pour les parlementaires, mais le Gouvernement peut, de plus, déposer des amendements à tout moment de la discussion d'un texte, même sur des parties du texte pas encore examinées.

Cependant si le Gouvernement fait usage de ce droit, alors le délai de dépôt est également ré-ouvert pour les députés sur les articles ainsi amendés. Mais, le temps manque alors en général aux députés pour pouvoir faire bon usage de cette soudaine possibilité.

Par ailleurs, il convient aussi de relever qu'en procédant ainsi, le Gouvernement se donne la possibilité d'échapper à certaines de ses obligations. Nous avons vu que les projets de loi qu'il dépose doivent être accompagnés d'une exigeante étude d'impact. Or, ceci n'est pas le cas pour ses amendements. En amendant son propre texte, le Gouvernement s'exonère donc d'avoir à apporter aux parlementaires une information pourtant précieuse pour l'évaluation de ses propositions.

Le pouvoir de faire revoter

Nous verrons en détail dans le prochain chapitre comment s'organise l'examen d'un projet ou d'une proposition de loi, d'une discussion générale à l'examen du texte article par article, amendement par amendement, et la manière dont ceux-ci sont discutés et soumis au vote.

Il se trouve que le pouvoir exécutif dispose d'un joker dans le cas où un vote ne lui conviendrait pas. Le président de la République peut intervenir, avant la promulgation de la loi, pour demander une nouvelle délibération sur tout ou partie de cette loi.

Cela ne garantit bien évidemment pas que le nouveau vote sera favorable aux attentes du Gouvernement, mais si le pouvoir exécutif fait usage de cet article 10 alinéa 2 de la Constitution, c'est en sachant qu'il peut espérer changer le rapport de force dans l'hémicycle.

Vote bloqué

Le troisième alinéa de l'article 44 de la Constitution apporte au Gouvernement une autre arme redoutable pour encadrer très fortement la délibération parlementaire et la capacité de celle-ci à amender un texte.

Celui-ci prévoit en effet que : « Si le Gouvernement le demande, l'assemblée saisie se prononce par un seul vote sur tout ou partie du texte en discussion en ne retenant que les amendements proposés ou acceptés par le Gouvernement. »

Cette disposition de la Constitution permet donc au Gouvernement de choisir à la carte « ses » amendements sans même laisser aux parlementaires le choix d'en valider certains et d'en refuser d'autres. C'est l'ensemble qui est à prendre ou à laisser.

Il reste bien évidemment la possibilité à une majorité de voter contre le texte ainsi soumis à ses suffrages. Mais la procédure relève d'une forme de chantage, obligeant bien souvent des parlementaires à peu près en accord avec le texte, mais qui auraient pu souhaiter le modifier, à ne pouvoir faire qu'un choix binaire.

49.3 : L'Assemblée nationale n'existe plus

Enfin, nous avons évoqué le fameux article 49 alinéa 3 de la Constitution, qui permet au Gouvernement de faire « comme si » un projet de loi avait été adopté par l'Assemblée nationale :

> « Le Premier ministre peut, après délibération du Conseil des ministres, engager la responsabilité du Gouvernement devant l'Assemblée nationale sur le vote d'un projet de loi de finances ou de financement de la Sécurité sociale. Dans ce cas, ce projet est considéré comme adopté, sauf si une motion de censure, déposée dans les vingt-quatre heures qui suivent, est votée dans les conditions prévues à l'alinéa précédent. Le Premier ministre peut, en outre, recourir à cette procédure pour un autre projet ou une proposition de loi par session. »

Cela signifie que, sauf si une majorité de députés décide de renverser le Gouvernement, celui-ci peut utiliser une disposition de la Constitution qui fait que le « projet est considéré comme adopté »... On fait « comme si » l'Assemblée nationale avait délibéré et voté le texte.

Un peu d'histoire :

Depuis le début de la Ve République, une seule fois seulement une motion de censure a été adoptée et a fait tomber un gouvernement. Le 05 octobre 1962, une majorité de députés a voulu s'opposer au projet de réforme constitutionnelle du Général de Gaulle visant à faire élire au suffrage universel le président de la République. Si le Gouvernement de Georges Pompidou fut bien conduit à la démission, la Constitution offrit alors la possibilité au président de Gaulle de dissoudre l'Assemblée nationale...

Conclusion

On finit par se prendre au jeu de la bataille menée sur la ligne de séparation des pouvoirs. Et on ne cesse d'être surpris par le déséquilibre organisé dans nos institutions. Qu'est-ce qu'un droit d'initiative entravé ? Et pourquoi le Gouvernement dispose-t-il de tant et tant de passe-droits ?

Sur le plateau déséquilibré de cette balance, les citoyens peuvent peser de toutes leurs voix pour renforcer la légitimité de l'Assemblée nationale, en se faisant contributeurs, en justifiant la nécessité d'un amendement à un projet de loi, en accompagnant des députés dans l'élaboration d'une proposition de loi, les deux grands outils de « l'initiative parlementaire ».

Pour cela, il convient de garder à l'esprit que si les initiatives des députés peuvent ne pas être recevables, il en est de même des initiatives citoyennes. Pour éviter ces désagréments, il est nécessaire de se faire une première idée quant à la conformité de toute proposition avec les différentes règles que nous avons exposées.

De la même manière, nous avons vu quelques premières règles qui définissent ce qu'est un amendement, cet outil central du travail des députés. Il n'est aucunement nécessaire de savoir en rédiger un pour pouvoir en proposer, en suggérer un. Par contre, il ressort de ce que nous venons de voir que seules des suggestions précises, bien en rapport avec l'objet du texte, pourraient être traduites en amendement.

Enfin, éternel problème du temps parlementaire, les citoyens veilleront à tenir compte des délais de dépôt d'amendements et à les anticiper largement afin de laisser le temps aux députés contactés et à leur petite équipe d'analyser ces propositions avant l'expiration du délai fatidique.

Mais nous avons aussi identifié, enfin, une vraie porte d'entrée citoyenne ! Sur les études d'impact, l'Assemblée nationale propose officiellement à tous de déposer une contribution, un avis, des informations complémentaires ou divergentes. Cette officielle porte d'entrée citoyenne dans la démocratie ne demande qu'à être franchie !

Partie II
Reconstruire la Maison du peuple !

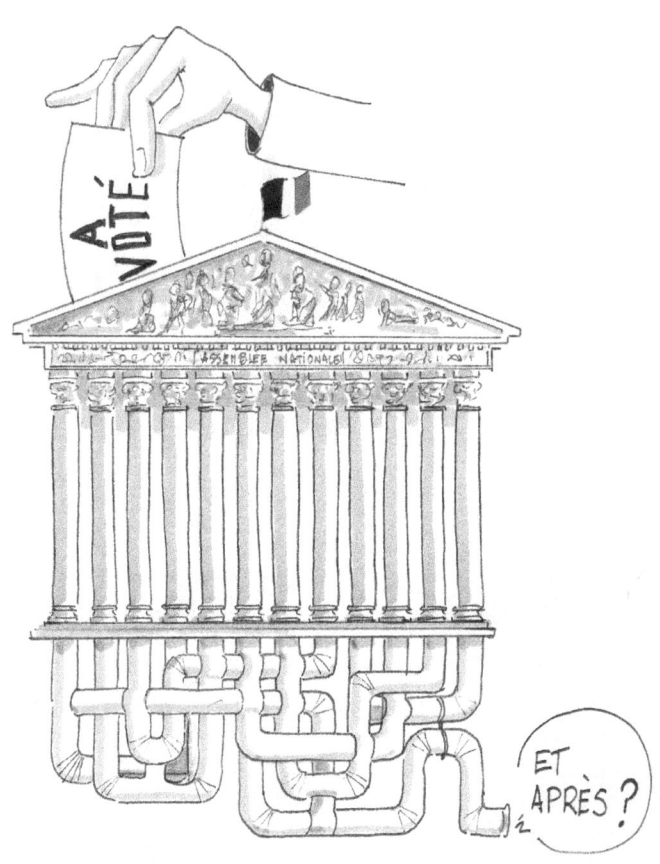

La fabrique de la loi !

La Constitution donne pour première mission au Parlement de voter la loi. Mais il s'agit bien plus que d'un simple vote d'approbation ou de désapprobation, chaque parlementaire disposant individuellement, et non par l'intermédiaire de son groupe, d'un droit d'amendement. Tout député peut ainsi proposer de supprimer ou de modifier toute partie d'un projet de loi ou d'y ajouter des compléments. C'est donc à une écriture complète, dans le cas des propositions de loi qui sont déposées par des parlementaires, ou de réécriture complète dans le cas des projets de loi qui sont déposés par le Gouvernement, que procède la délibération parlementaire.

Mais cet outil fondamental du travail parlementaire que sont les amendements nous est aussi apparu, une fois de plus, entravé au profit du Gouvernement qui reste maître et de l'initiative et de pans entiers de la procédure.

La capacité de réécriture des projets de loi par les députés est donc, là aussi, drastiquement limitée, alors que le ministre responsable d'un texte dispose de nombreuses latitudes pour modifier son propre texte, pour contraindre la délibération et les votes des parlementaires.

Afin d'identifier les stratégies des députés, les autres points de procédures qu'ils peuvent mettre à profit au bénéfice de leurs combats, nous devons regarder encore plus en détail la procédure, la « fabrique de la loi », comment celle-ci est forgée dans les différentes étapes de son examen parlementaire.

Et plus nous entrons dans les recoins de la procédure parlementaire, plus nous découvrons des interstices permettant aux attentes, alertes, informations, propositions citoyennes, de s'y frayer un chemin, jusqu'à la « porte étroite » du Conseil constitutionnel.

Au cœur même de la fabrique de la loi, alors que le pouvoir exécutif est encore en mesure de contrarier les combats des députés, il est possible d'identifier les procédures des députés qui peuvent se transformer en procédures de la participation citoyenne.

À mesure de notre parcours, les « précédents », « sous-amendements », « amendements d'appel » et autres « contributions à des rapports de commission ou à une discussion générale », deviennent autant d'outils pour forger des contributions citoyennes au travail parlementaire.

La procédure législative citoyenne commence à se dessiner, en creux, aux côtés de la procédure législative suivie par les députés.

Le dépôt

Du dépôt jusqu'à l'adoption ou au rejet définitif d'une proposition ou d'un projet de loi, les étapes de délibérations et de travaux se trouvent réunies dans son « dossier législatif », accessible sous ce nom sur le site Internet de l'Assemblée nationale.

https://www.assemblee-nationale.fr/dyn/16/dossiers

Le dépôt formel d'une proposition de loi n'est pas directement lié à son examen. Il peut intervenir très en amont, voire même sans perspective identifiable d'inscription à l'ordre du jour. Cette caractéristique peut offrir un temps précieux d'intervention et d'échange avec son ou ses auteurs.

https://www2.assemblee-nationale.fr/documents/liste/(type)/propositions-loi

À l'inverse, le dépôt d'un projet de loi par le Gouvernement est systématiquement corrélé à son inscription à l'ordre du jour. Il arrive même qu'un texte figure à l'ordre du jour, sur la feuille verte, avant-même son dépôt officiel.

Cependant, des exceptions peuvent apparaître. Lors de la XIVe législature (2012 – 2017), un important projet de loi portant réforme de la justice a connu un calendrier particulièrement atypique. En raison de dissensions dans le Gouvernement, après son dépôt, le texte n'a pas été immédiatement inscrit à l'ordre du jour de l'Assemblée nationale. Cependant, le dépôt ayant eu lieu, l'Assemblée a pu nommer un rapporteur. Étant associé à son travail, j'ai découvert que chaque report d'inscription pour un examen en séance publique nous laissait un précieux temps supplémentaire ; finalement, nous avons eu plusieurs mois pour organiser les travaux, mener un nombre considérable d'auditions et de rencontres. Ces circonstances nous ont permis un travail préparatoire de très grande qualité, mais également un constat important. À mesure que nous avancions dans les travaux d'analyse du texte, d'étude des problématiques et de rédaction d'amendements au projet de loi, plutôt que d'épuiser le sujet, d'en faire un tour exhaustif, celui-ci n'avait de cesse de nous apparaître plus complexe et plus vaste. En sorte que, dans une certaine mesure, il pourrait ne jamais y avoir de fins à l'analyse et à la préparation du travail d'amendement d'un projet de loi… et alors il n'y aurait pas de loi.

Nous sommes là confrontés à cette distinction classique entre la pensée et l'action. La pensée n'a jamais terminé son travail, mais il faut néanmoins agir. Rappelons René Descartes et son doute méthodique à la recherche de certitudes, qui doit se donner une morale par provision, des règles de comportement, dans l'attente de savoir ce qu'il en est véritablement. Nous retrouvons cette même tension dans le travail législatif. Il faut du temps pour préparer les lois, mais il faut des lois. Elles seront par la suite évaluées, et modifiées si nécessaire. Et de fait, la plupart des lois qui sont votées ne créent pas tant du droit nouveau, des articles en plus pour tel ou tel code, mais souvent, elles viennent modifier le droit existant et donc, dans une certaine mesure, évaluer, ajuster, des lois précédentes.

Passage en commission(s)

La première étape d'examen d'un projet comme d'une proposition de loi sera son examen en commission.

> Art. 85 - 1er Alinéa
> « Le président de l'Assemblée saisit la commission permanente compétente, ou la commission spéciale désignée à cet effet, de tout projet ou proposition déposée sur le bureau de l'Assemblée. »

Chaque projet ou proposition de loi est attribué à une des huit commissions permanentes. Mais il peut se trouver qu'une autre commission estime que dans ce texte se trouvent certaines dispositions qui relèvent également de son champ de compétences. Dans ce cas, elle a toute liberté pour se saisir « pour avis » de ce texte.

La procédure est alors la même que pour la commission saisie au fond. Un rapporteur pour avis est nommé, des auditions peuvent être conduites, des amendements déposés, discutés et votés.

Cependant, cette commission ne se saisit la plupart du temps que d'une partie du texte plus particulièrement en rapport avec son domaine de compétences.

Les amendements votés par cette commission «pour avis» devront encore être présentés par son rapporteur lors de l'examen du texte par la commission saisie au fond, puis soumis au vote de cette commission avant de pouvoir intégrer le projet.

Ce moindre pouvoir d'intervention sur le texte ne doit cependant pas conduire à sous-estimer l'intérêt d'une intervention auprès des députés investis dans cette commission pour avis. Si elle s'en est saisie, c'est précisément au nom d'un intérêt manifeste. Les députés engagés dans cet examen seront donc, a priori, des interlocuteurs d'autant plus attentifs à d'éventuelles contributions citoyennes, puisqu'elles pourront être des arguments en appui de leurs propres propositions.

En effet, il ne faut pas imaginer la relation entre députés et citoyens comme celle d'un fournisseur à un client, mais comme la mise en place d'une alliance. Un député ne portera aucune proposition citoyenne, sans en partager la nécessité ou l'intérêt. Mais la co-construction citoyenne sera un argument qui pourra aider le député à la faire valoir auprès de ses collègues et donc à la renforcer.

Par ailleurs, lorsque ce texte arrivera en séance, tous les députés, quelle que soit leur commission, seront à égalité de droit et de pouvoir dans la procédure. Donc les députés membres d'une commission saisie pour avis y trouveront une place pleine et entière pour reprendre et défendre leurs amendements.

Comme nous l'avons évoqué dans un point d'histoire précédemment, pendant très longtemps, les commissions ont été ordinairement... spéciales. C'est-à-dire qu'à l'inverse des actuelles huit commissions permanentes, elles étaient constituées spécialement pour l'étude d'un texte et dissoutes à l'issue de cet examen.

Cette procédure existe encore et on y recourt plusieurs fois par législature.

Dans ce cas, l'ensemble des remarques faites au sujet des commissions permanentes reste valable. À l'exception d'un point de procédure important que nous avons déjà relevé, à savoir l'absence dans ces commissions spéciales du « rapporteur d'application ».

Ce point du règlement peut apparaître comme une bizarrerie si l'on considère que la constitution d'une commission spéciale pour étudier un projet de loi est motivée par un champ particulièrement large que ce projet couvre, ce qui appelle une importante étude d'impact.

Or, ce « rapporteur d'application » qui n'existe pas dans une commission spéciale aurait aussi pour prérogative de pouvoir réaliser en première lecture une contribution au rapport de commission, notamment sur l'étude d'impact du projet de loi concerné. Possibilité qui est donc déniée pour les textes examinés en commission spéciale.

C'est une situation à laquelle, avec un responsable de groupe d'opposition, nous avons essayé de trouver une solution lors de l'examen d'un projet de réforme des retraites débattu lors de la XVe législature (2017 - 2022). Ce projet était examiné dans le cadre d'une telle commission spéciale. Or, lors des débats en commission, d'importants questionnements et doutes étaient apparus à de nombreux députés sur la qualité de l'étude d'impact qui avait été proposée par le Gouvernement en appui de son projet. Cependant, conformément au point que nous venons de mentionner, cette commission spéciale n'était pas dotée d'un « rapporteur d'application » qui aurait été en droit en ce début d'examen du texte de conduire, au nom de la commission, une analyse contradictoire de ce document. Nous avions alors soumis le projet de proposer la mise en place d'une commission d'enquête, dont la mission aurait été de vérifier les conditions d'élaboration de cette étude d'impact, sa qualité et l'exhaustivité des informations qu'elle apportait aux députés. Et, pour ce faire, le groupe parlementaire en question a même eu recours à son « droit de tirage[33] ». Malheureusement, tout à la défense du Gouvernement et voulant probablement lui éviter une procédure délicate, la majorité de l'époque bloqua cette initiative par un vote à la légalité fort discutable.

Cette expérience doit attirer notre attention sur trois points principaux. D'une part, bien que les droits du Parlement soient déjà faibles face à ceux du Gouvernement, il peut arriver que les parlementaires eux-mêmes n'utilisent pas tous leurs droits, et pire encore, qu'une majorité vienne essayer d'empêcher l'exercice par des oppositions ou minorités des leurs. Ainsi se trouvent d'autant plus affaiblis à la fois le pouvoir législatif, mais aussi l'une de ses caractéristiques importantes, à savoir le pluralisme. Cette expérience nous montre donc également la situation spécifique dans laquelle se trouvent les députés d'une majorité. Par définition, ils sont en soutien politique du Gouvernement, mais il leur revient, ou en tout cas il devrait leur revenir, d'être les premiers à défendre pied à pied les pouvoirs de l'Assemblée nationale, parfois contre ce même gouvernement. Nous voyons ici la tension « schizophrène » dans laquelle cela peut les placer.

D'où l'importance toute particulière de la première caractéristique du mandat de député que nous avons mise en avant au début de notre parcours, à savoir son impérative indépendance. Mais il apparaît aussi clairement, dans une telle situation, que les

---

33. Nous reviendrons sur cette procédure qui permet à chaque groupe parlementaire d'opposition ou minoritaire, d'obtenir une fois par session ordinaire la création d'une mission d'information ou d'une commission d'enquête.

droits des oppositions et minorités doivent être particulièrement assurés pour qu'une majorité ne puisse pas succomber à la tentation de protéger « son » gouvernement au détriment du pluralisme de l'Assemblée nationale et d'un équilibre des pouvoirs déjà si fragile.

Enfin, dernière leçon de cette triste expérience, elle illustre le fait qu'en cas de divergence d'interprétation du règlement (dans le cas présent, la majorité avait argumenté une supposée illégalité d'une demande de commission d'enquête parlementaire sur une étude d'impact, sans convaincre aucun groupe d'opposition de quelque bord politique que ce soit), il ne se trouve pas d'instances de débat et de conciliation sur ces divergences d'analyse et finalement, la majorité peut imposer sa seule interprétation, quand bien même elle serait erronée...

Pour revenir au parcours de la loi, avant la tenue de la réunion de commissions lors de laquelle le texte sera formellement examiné, c'est-à-dire discuté, amendé et voté, un travail préparatoire essentiel va avoir lieu.

Celui-ci va s'organiser autour du rapporteur, ce personnage essentiel du travail législatif qui organise les auditions et rédige un rapport au nom de la commission. C'est notamment ce travail, qui permet aux députés d'appréhender l'ensemble des aspects d'un projet ou d'une proposition de loi, de dialoguer avec l'ensemble des « parties prenantes » (associations, syndicats, collectifs, universitaires...) directement concernées par le sujet et pouvant avoir des remarques à formuler sur le texte examiné, qui est parfois impacté, voire anéanti par le recours à la procédure accélérée.

Un peu d'histoire :

Comme son nom l'indique, le rapporteur fait un rapport. Mais, il doit rapporter les travaux de la commission. À ce titre, nous pourrions nous étonner de son mode de désignation, du moment de sa désignation, ainsi que de sa manière de « rapporter ». Il est en effet désigné par la majorité, avant les travaux de la commission, et développe dans son rapport le fruit de ses travaux sur le texte. Il précède donc les travaux de la commission et tient un rôle prépondérant d'orientation de ceux-ci. Plus qu'un rapport de la commission, il rédige ce qui est surtout le « rapport du rapporteur ». Ici, les équilibres et les mœurs de la Ve République, avec un fait majoritaire lourd, pèsent de tout leur poids. Si nous regardons un instant la procédure et les pratiques sous la IIIe République, nous découvrons un travail de commission qui laissait toute sa place à l'élaboration d'une majorité par les travaux et débats en commission. Et sur la base de laquelle un rapporteur était choisi le plus souvent à l'issue de ces travaux en prévision de l'examen en séance.

Dans l'édition de 1893 de son Traité de droit politique, électoral et parlementaire, Eugène Pierre décrivait ainsi la nomination des rapporteurs dans les commissions spéciales qui étaient alors la norme : « Chaque commission choisit, dans son sein, un rapporteur chargé de rendre compte à la Chambre du résultat de ses travaux (...). L'Article 23 du règlement du Sénat porte que l'élection est faite "lorsque la discussion est terminée;" l'article 25 du règlement de la Chambre laisse aux commissions la liberté de choisir le moment où elles jugent convenable de désigner leurs rapporteurs; l'usage est d'ailleurs, de nommer les rapporteurs lorsque la discussion est terminée, ou tout au moins lorsque les opinions se sont produites et qu'une majorité s'est dessinée. »

Cette comparaison met en évidence la différence entre deux époques politiques et institutionnelles fort différentes. D'une part, un dispositif institutionnel dans lequel chaque délibération est organisée de manière à laisser la possibilité d'élaboration d'une majorité d'idées, de convictions, le rapporteur étant choisi sur la base de cette délibération. D'autre part, notre système actuel dans lequel une majorité est supposée préexister sur tout sujet, majorité qui se donne son rapporteur avant même qu'il n'y ait eu aucune délibération à rapporter.

Par ailleurs, chaque groupe parlementaire va, en son sein, désigner un de ses membres qui sera responsable pour son groupe de l'examen de ce texte.

La désignation du rapporteur est une procédure publique, faite et notifiée en réunion de commissions, alors que la désignation des responsables des groupes se fait au sein même de ceux-ci et ne fait l'objet d'aucune publication spécifique. Pour voir la traduction de ces nominations, il faudra attendre la réunion de la commission consacrée à l'examen du texte, lors de laquelle une prise de parole spécifique est prévue pour ces responsables de groupes dans la discussion générale. Mais il sera très utile d'identifier ces députés responsables avant cette réunion de commissions, notamment de manière à pouvoir leur proposer des amendements qui devront être déposés au plus tard trois jours ouvrés avant la réunion de commissions, ou pour faire valoir des informations, expériences, témoignages, ou suggestions qui pourraient nourrir le travail et l'expression publique de ces députés.

Ainsi, il convient là d'entreprendre un travail de prise de contact avec les groupes parlementaires pour trouver ces informations.

https://www.assemblee-nationale.fr/dyn/les-groupes-politiques

En lien avec ce point de procédure vu précédemment, il sera très utile de faire valoir auprès de ces différents interlocuteurs une éventuelle contribution déposée sur l'étude d'impact.
Arrive alors l'examen du texte en commission.

```
Art.86 — Alinéas 6 & 7
«Peuvent participer aux débats de la commission,
outre les membres de celle-ci, l'auteur, selon les
cas, d'une proposition ou d'un amendement ainsi
que, le cas échéant, les rapporteurs des commissions
saisies pour avis. La participation du Gouvernement
est de droit.
Les rapports faits, en première lecture, sur un
projet ou une proposition de loi comportent en
annexe, le cas échéant, l'avis des commissions
saisies pour avis et, à leur demande, une contri-
bution écrite de chacun des groupes d'opposition et
minoritaires ainsi que, le cas échéant, une contri-
bution écrite du député désigné en application de
l'article 145-7, alinéa 2. Cette dernière contri-
bution porte, s'il y a lieu, sur l'étude d'impact
jointe au projet de loi.»
```

Plusieurs éléments doivent nous arrêter dans ces quelques lignes relatives à l'examen d'un texte en commission.

Tous les députés peuvent déposer des amendements sur un texte, indépendamment de la commission dont ils sont membres. Par contre, un député n'a le droit de vote que dans la commission dont il est officiellement membre le jour du dit vote.

Il importe sur ce point de bien se représenter l'impact dans le temps de la répartition des députés en commissions. Comme pour tout groupe de travail, quand bien même ces députés sont issus de groupes parlementaires différents, ils apprennent à se connaître et des relations de travail et d'échanges se nouent. Cette dimension « sociale » du fonctionnement d'une commission pourra avoir un impact sur la plus ou moins bonne réception de propositions d'amendements des uns et des autres. Sans conduire à ce que des députés votent contradictoirement à leurs conceptions, certains amendements plus symboliques peuvent parfois trouver grâce du fait d'une sympathie accordée ou d'une compétence reconnue à leur auteur. Cela signifie qu'un député extérieur à une commission venant y déposer et défendre un amendement ne pourra bénéficier de ce tissu relationnel.

Pour revenir au point de règlement analysé ici, le rapport dont il est question est publié en réalité après l'examen du texte en commission, en prévision de son examen en séance publique. Cependant, un prérapport, appelé « état d'avancement des travaux du rapporteur », est adressé à tous les députés de la commission avant sa réunion. Ce document n'est pas à proprement parler confidentiel, mais il n'est pas mis formellement à disposition du public.

Dans le rapport de la commission, chaque groupe parlementaire a le droit d'annexer une contribution écrite. Celle-ci consistera soit à développer l'ensemble de ses analyses sur le texte, soit à pointer quelques questions particulières. Ces contributions sont sans effet, mais réussir à y placer une expression sur un sujet précis permettrait à une contribution citoyenne d'émerger dans la délibération. Cela constituerait comme un précédent sur lequel s'appuyer pour nourrir de futures démarches.

Enfin, nous devons nous arrêter sur un autre point.

```
Art. 86 — Alinéa 7
«Une contribution écrite du député désigné en
application de l'article 145-7, alinéa 2. Cette
dernière contribution porte, s'il y a lieu, sur
l'étude d'impact jointe au projet de loi.»
```

Ici, nous suivons le fil de ce point important de l'entrée possible des contributions citoyennes dans cette première phase du parcours d'un projet de loi via la porte ouverte sur l'étude d'impact.

Ce «député désigné en application de l'article 145-7, alinéa 2» est le «rapporteur d'application». Il s'agit d'un député d'un groupe d'opposition. Et comme cela est indiqué, il a la faculté, en première lecture, de produire une contribution au rapport de commission qui peut notamment viser spécifiquement l'étude d'impact du projet de loi. Or nous avons vu qu'une procédure est prévue pour le recueil d'avis citoyens sur cette étude d'impact.

Ainsi, ce rapporteur d'application, si des contributions citoyennes sur l'étude d'impact étaient déposées, pourrait se faire «rapporteur citoyen» dans la procédure parlementaire.

Nous insistions sur ce point, car il y a là une réelle opportunité à saisir pour la participation citoyenne à la fabrique de la loi, au travers d'une procédure prévue et organisée par le Règlement de l'Assemblée nationale.

La mi-temps

Ces quelques jours entre la fin de l'examen d'un texte en commission et son arrivée en séance publique dans l'hémicycle sont un moment propice pour des interventions qui vont pouvoir s'appuyer sur des prises de position et amendements repérés dans les travaux de la commission, permettant de cibler les députés les plus investis sur les sujets concernés.

Et cela d'autant plus que les députés et leur groupe font également un bilan des travaux de la commission pour préparer ceux de la séance. Certains sujets n'ont pas été abordés volontairement, dans l'attente de voir la position d'autres groupes, notamment de la majorité, ainsi que du Gouvernement.

Cette mi-temps de l'examen du texte est donc une période active et qui peut permettre d'appuyer ou d'introduire certains sujets.

La durée de cette « mi-temps » est normalement de dix jours, à inclure dans la durée règlementée entre le dépôt du texte et son examen en séance, qui ne peut être inférieure à six semaines. Mais ces délais sont en réalité assez théoriques du fait de la possibilité de recourir à des procédures spéciales qui permettent de les réduire... à presque rien.

> Art. 86
> « Sauf lorsque la procédure accélérée prévue à l'article 45, alinéa 2, de la Constitution a été engagée ou lorsque le projet est relatif aux états de crise, en première lecture, le délai qui sépare la mise à disposition par voie électronique du texte adopté par la commission et le débat de son examen en séance ne peut être inférieur à dix jours. En cas

d'engagement de la procédure accélérée ainsi que lors de la deuxième lecture et des lectures ultérieures, le texte est mis à disposition par voie électronique dans les meilleurs délais.»

Or, la procédure accélérée étant devenue la norme, pour ne pas dire systématique, cette mi-temps entre la commission et la séance est souvent très courte.

Autre élément important de cette phase intermédiaire, la publication du rapport de commission va permettre de connaître de manière exhaustive les personnes et organisations auditionnées par le rapporteur. S'agissant notamment des organisations (syndicats, associations, ONG, *etc.*), il leur arrive fréquemment de proposer des amendements.

L'examen du texte en séance

Quel texte arrive en séance ?

Art. 90
«Sous réserve des dispositions prévues à la deuxième partie du présent titre pour les projets visés à l'article 42, alinéa 2, de la Constitution, la discussion des projets et propositions de loi porte sur le texte adopté par la commission compétente. Toutefois, à défaut de texte adopté par la commission, la discussion porte sur le texte dont l'Assemblée a été saisie.»

Art. 117

« Conformément à l'article 42, alinéa 2, de la Constitution, la discussion en séance des projets de révision constitutionnelle, de loi de finances et de loi de financement de la Sécurité sociale porte, en première lecture devant la première assemblée saisie, sur le texte présenté par le Gouvernement et, pour les autres lectures, sur le texte transmis par l'autre assemblée. »

D'une manière générale, c'est donc le texte tel qu'il a été modifié et voté par la commission qui arrive en séance. Cela peut sembler une évidence que le travail de la commission n'est pas effacé, mais tel n'a pas toujours été le cas sous la Ve République puisque c'est la réforme constitutionnelle de 2008 qui a prévu cette disposition. Cette modification a fortement renforcé l'importance du travail en commission.

Notons que si une commission n'a pas eu le temps de terminer l'examen d'un projet de loi avant l'expiration de ce délai incompressible entre la fin de ses travaux et l'examen du texte en séance, c'est alors le texte initial tel que déposé par le Gouvernement qui y sera examiné. Tout le travail effectué sur les articles examinés en commission sera perdu.

Pour le dépôt des amendements, les contraintes de temps et de recevabilité notamment, restent vraies pour l'examen en séance publique.

Art. 99

« Sauf décision contraire de la Conférence des présidents, les amendements des députés doivent être présentés au plus tard le troisième jour ouvrable précédant la date de début de la discussion du texte à 17 heures. »

Par contre, plusieurs caractéristiques nouvelles vont intervenir à cette occasion.

Une de ces différences principales est l'égalité de tous les députés lors de cette phase de la procédure. Tous les députés sont membres de l'Assemblée nationale, plus de restriction du droit de vote signifie que plus de députés ne voteraient des amendements que pour avis.

D'autre part, avant la discussion générale, si des groupes en ont fait la demande, peuvent avoir lieu la présentation et la discussion de plusieurs motions. Cependant, celles-ci ayant habituellement un caractère très général et relevant d'un usage très politique et souvent polémique, elles ne se prêtent pas particulièrement à la défense de propositions très précises qui, si elles peuvent être abordées, ne trouvent pas toujours là l'occasion d'une défense détaillée, argumentée et discutée.

En réponse à la discussion des éventuelles motions, s'ouvre la discussion générale. À nouveau, celle-ci peut être une bonne manière de repérer des députés particulièrement investis sur le texte et peut être l'occasion pour un député de pointer certains sujets.

Il existe une sorte de complément à cette discussion générale : les députés peuvent, en remplacement ou en plus de leur intervention sur le texte, déposer une contribution écrite qui sera annexée au compte-rendu des débats.

Art. 49-1 A — Alinéa 1
« Les députés peuvent déposer des contributions écrites sur les textes inscrits à l'ordre du jour.

Ces contributions peuvent porter sur l'ensemble du texte, sur l'un de ses articles ou sur un amendement. Elles sont annexées au compte-rendu des débats. »

Alinéa 2
« La Conférence des présidents fixe, avant le début de chaque session ordinaire, le nombre maximal de contributions écrites pouvant être déposées par chaque député jusqu'au début de la session ordinaire suivante, le nombre maximal de caractères par contribution ainsi que les conditions de dépôt de ces contributions. »

Proposer une telle contribution, ou au moins des éléments pour celle-ci peut être de bonne stratégie pour porter une proposition citoyenne. Ces contributions sont peu utilisées par les députés, car sans grand intérêt pour eux. Par contre, l'obtention d'une telle contribution peut être un précieux atout pour une intervention citoyenne. Cela permettrait d'appuyer cette proposition auprès des parlementaires de la deuxième chambre saisie, ou lors d'une éventuelle deuxième lecture (dont il sera question plus loin), ou encore pour relancer sa proposition lors de futurs travaux législatifs. De la même manière que les députés n'hésitent pas à déposer, redéposer, dès qu'ils le peuvent, le même amendement pour essayer de faire entendre leur proposition, la participation citoyenne au travail parlementaire doit reprendre à son compte ces stratégies et ne jamais louper une occasion de se faire entendre, de faire parler d'elle, d'obtenir un « précédent ».

Après cette discussion générale, va s'engager, comme en commission, l'examen du texte, article par article, amendement par amendement.

Sur ce dernier point, il nous faut relever qu'il n'y a pas que les amendements pour modifier un projet ou une proposition de loi. Il existe aussi des sous-amendements.

Il s'agit là d'amendements qui proposent de modifier des amendements déposés, avant leur examen.

Cela emporte deux caractéristiques importantes. D'une part, le champ visé est d'autant plus restreint, car il doit s'inscrire sur un amendement précis. D'autre part, il n'y a pas de délai pour le dépôt de tels sous-amendements.

```
Art. 99 — Alinéa 3
« Le délai prévu au présent article n'est pas appli-
cable aux sous-amendements. »
```

Cela dit, la suggestion d'un tel sous-amendement suppose de faire préalablement, entre la clôture du délai de dépôt des amendements et l'examen du texte, un recensement des amendements déposés, au moins sur les articles du texte qui se rapportent aux sujets visés.

```
Art. 98 — Al. 5
« (…) Les sous-amendements ne peuvent contredire le
sens de l'amendement ; ils ne peuvent être amendés. »
```

Ainsi il n'est pas possible de sous-amender en cascade.

Lecture, lecture, lecture... entonnoir et conclave !

Deux Chambres, deux ambiances.

Nous venons de voir une étape de l'examen d'un projet ou d'une proposition de loi, en l'occurrence la première lecture à l'Assemblée nationale. Notre Parlement étant bicaméral (constitué de deux chambres), le texte adopté par l'Assemblée part ensuite faire l'objet d'une première lecture au Sénat (il peut arriver que certains textes commencent leur examen au Sénat). Par contre, un texte rejeté en séance voit sa navette interrompue, alors que, s'il a été rejeté en commission, il arrive tout de même en séance.

Les sénateurs sont des parlementaires auprès desquels il est possible d'intervenir de la même manière que vis-à-vis des députés, qui participent directement, avec des prérogatives très semblables au travail de délibération des projets et propositions de loi, au travail d'évaluation des politiques publiques et de contrôle du Gouvernement.

Et ils sont des interlocuteurs des députés à travers de nombreux échanges, dans le cadre d'instances communes comme les commissions mixtes paritaires[34] ou l'Office parlementaire d'évaluation des choix scientifiques et techniques par exemple.

Cependant, les procédures du Sénat et de l'Assemblée nationale ne sont pas rigoureusement identiques. Chaque assemblée élabore de manière autonome, dans le cadre de la Constitution et en coordination lorsque cela est nécessaire avec l'autre assemblée, son règlement.

L'entonnoir entre chaque lecture.

---

34. Commission mixte paritaire que nous allons retrouver dans la suite de ce chapitre.

À partir de cette première lecture complète (Assemblée nationale et Sénat) va apparaître le mécanisme dit de «l'entonnoir».

Art. 108 – Alinéa 1
«Au cours des deuxièmes lectures et des lectures ultérieures par l'Assemblée nationale des projets et des propositions de loi, la discussion a lieu conformément aux dispositions des chapitres IV ou V du présent titre, sous les réserves suivantes.»

Alinéa 3
«La discussion des articles est limitée à ceux pour lesquels les deux assemblées du Parlement n'ont pu parvenir à un texte identique.
En conséquence, les articles votés par l'une et l'autre assemblée dans un texte identique ne peuvent faire l'objet d'amendements qui remettraient en cause, soit directement, soit par additions incompatibles, les dispositions adoptées.»

Ainsi, à mesure de la progression de son examen, la fraction du texte qui reste ouverte à discussion et examen ne cesse de se restreindre. Chaque article qui aura été voté conforme, c'est-à-dire dans les mêmes termes, à l'identique, par les deux chambres, n'est plus ouvert à l'amendement. Ensuite, dès sa deuxième lecture, un projet de loi n'est, la plupart du temps, à examiner que de manière partielle.

Comme le dit la première phrase de l'article 45 de la Constitution : «Tout projet ou proposition de loi est examiné successivement dans les deux assemblées du Parlement en vue de l'adoption d'un texte identique. » Nous devinons cependant que malgré la procédure d'entonnoir, le jeu des lectures et navettes successives pourrait être très long, voire sans fin avant que le texte ne soit complètement adopté dans des versions identiques par les deux chambres.

C'est là qu'intervient une sorte de conclave parlementaire, ce qu'il est convenu d'appeler par son nom, la commission mixte paritaire.

Art. 110 – Alinéa 1
« La réunion d'une commission mixte paritaire peut être provoquée, dans les conditions prévues par l'article 45 de la Constitution, à partir de la fin de la première lecture par chaque assemblée si la procédure accélérée a été engagée et, à défaut de cet engagement, à partir de la fin de la deuxième lecture. »

Art. 111 – Alinéa 1
« En accord entre l'Assemblée nationale et le Sénat, le nombre des représentants de chaque assemblée dans les commissions mixtes paritaires est fixé à sept. »

Alinéa 3
« La désignation des représentants de l'Assemblée dans les commissions mixtes paritaires s'efforce de reproduire la configuration politique de celle-ci et assure, sous réserve que le groupe qui dispose du plus grand nombre de sièges de titulaires conserve au moins un siège de suppléant, que chaque

groupe dispose d'au moins un siège de titulaire ou
de suppléant. »

Art. 112 — Alinéa 3
« Elles examinent les textes dont elles sont saisies
suivant la procédure ordinaire des commissions
prévue par le règlement de l'assemblée dans les
locaux de laquelle elle siège. (...) »

Remarquons que malgré son caractère juridiquement facultatif (elle «peut être provoquée»), la CMP est, dans les faits, systématiquement convoquée dès que possible par le Gouvernement pour des projets de loi dont il est à l'initiative.

La CMP se tient à huis clos, même si la rédaction du Règlement pourrait laisser à penser qu'il n'en est pas nécessairement ainsi, et son déroulé est de fait assez peu codifié et laisse une latitude extrême à ses membres pour réécrire le texte.

Il est à noter que le Gouvernement n'est pas représenté lors de ces CMP. Il s'agit donc probablement là du moment où une poignée de parlementaires ont le plus de pouvoir et de liberté sur l'écriture d'un projet de loi.

Si elle est conclusive, la CMP aura élaboré la fameuse version commune aux deux chambres d'un projet ou d'une proposition de loi. La possibilité d'amendement de ce texte soumis en lecture définitive aux deux assemblées est alors drastiquement encadrée par un droit de censure du Gouvernement.

Art. 113 — Alinéa 2
« Lorsque l'Assemblée est saisie du texte élaboré
par la commission mixte paritaire, les amendements

déposés sont soumis au Gouvernement avant leur distribution et ne sont distribués que s'ils ont recueilli son accord. »

Si la CMP n'est pas conclusive, à savoir que les sénateurs et députés réunis n'ont pas réussi à se mettre d'accord sur une version commune du texte, alors le projet de loi reprend son parcours, mais pour une dernière navette dont l'issue donnera systématiquement le dernier mot à l'Assemblée nationale. Le projet de loi ou la proposition de loi sera ainsi examiné à l'Assemblée nationale, puis au Sénat avant de connaître une lecture définitive par l'Assemblée. Par ailleurs, à mesure de cette nouvelle lecture, la règle de l'entonnoir continue de produire ses effets.

La porte étroite du Conseil constitutionnel

Après l'adoption d'un projet ou d'une proposition de loi, 60 députés ou sénateurs, ainsi que le président de la République, le Premier ministre, le président de l'Assemblée nationale et celui du Sénat, ont la possibilité de saisir le Conseil constitutionnel pour vérifier ou contester la constitutionnalité de certaines dispositions.

Or il se trouve que toute personne peut, sous réserve du dépôt d'un tel recours, interpeler le Conseil constitutionnel sur le texte visé, afin de contester ou appuyer certaines de ses dispositions.

Cette ouverture à la société civile est couramment appelée « porte étroite », ce qui donne une bonne idée du laps de temps très court pendant lequel elle est entrouverte.

Cependant, cette porte est largement ouverte à tout le texte visé. En effet, quand bien même le recours déposé par un groupe de parlementaires ou le Gouvernement ne viserait que certains articles du texte, le Conseil constitutionnel a la faculté, dès lors qu'il est saisi, de s'intéresser à toutes les dispositions du texte.

Pour adresser sa contribution :
Monsieur le Président,
Mesdames et Messieurs les membres du Conseil constitutionnel
2, rue de Montpensier 75001 PARIS.
Par courrier électronique :
contributions-exterieures@conseilconstitutionnel.fr

Conclusion

De la préparation des travaux de la commission autour du rapporteur et des responsables de groupes à la commission mixte paritaire, en passant par l'arrivée d'un texte en séance publique et des navettes, sans oublier les secondes ou nouvelles lectures, un entonnoir et un « conclave », nous avons parcouru les grandes étapes du parcours de la fabrication de la loi.

Afin de suivre et de retrouver toute étape de la procédure de délibération, documents initiaux, comptes-rendus des délibérations en commission comme en séance, versions intermédiaires du texte telles qu'adoptées après chaque examen en commission ou en séance, ensemble des amendements déposés avec le résultat de leur délibération, on se reportera au dossier législatif d'un texte.

Il ressort de ce parcours la mise en évidence de très nombreuses possibilités d'interventions citoyennes, ainsi que d'éléments d'une méthode qui commence à se faire jour dans notre travail de prise de notes pour l'écriture, à la fin de notre parcours, d'un Règlement citoyen de l'Assemblée nationale.

Les citoyens doivent en quelque sorte se faire « législateurs », en ceci qu'il leur faut intégrer les contraintes, les rythmes, l'organisation, les stratégies des députés.

Ainsi on veillera sur les propositions de loi déposées, afin de prendre contact avec leurs auteurs pour celles en lien avec des projets d'intervention.

Dans une stratégie de ciblage des bons interlocuteurs, en lien avec un projet ou une proposition de loi, on privilégiera le rapporteur qui est au cœur du travail sur le texte et dispose du soutien logistique et humain des services de la commission au nom de laquelle il exerce sa fonction ; c'est lui qui est le plus à même de faire aboutir une proposition d'amendement qu'il reprendrait à son compte, ayant *a priori* la confiance de la majorité des membres de la commission qui l'ont désigné pour cette fonction. Les responsables des groupes sont également des interlocuteurs privilégiés. On cherchera également à identifier la ou les commissions qui se saisissent pour avis d'un projet ou d'une proposition de loi.

Parmi ces éléments de la procédure parlementaire qui peuvent devenir des éléments d'une procédure citoyenne, la notion de « précédent » a fait son apparition dans ce chapitre. En écho à ce vocable qui occupe une place toute particulière dans l'histoire parlementaire, les citoyens peuvent viser certaines contributions à la main des députés ou des groupes parlementaires pour y faire figurer une première fois leurs propositions. Cette contribution, moins engageante que le dépôt d'un amendement, peut être un support intéressant pour faire émerger des contributions citoyennes dans la délibération. L'obtention d'une telle mention permettrait par la suite de s'en prévaloir et renforcerait le poids et l'impact des démarches suivantes.

Une autre manière de s'approprier la stratégie et le vocable parlementaire étant de parler de contribution d'appel, comme il y a des amendements d'appel, dont les auteurs ne s'attendent aucunement à ce qu'ils soient adoptés, mais visent plutôt à faire émerger le sujet dans la délibération et à commencer un long chemin qui mène à l'adoption d'une disposition.

Suivre les travaux de la commission, au moins sur les articles en lien avec ses sujets de préoccupation, afin de s'informer des débats, des amendements déposés, défendus, adoptés, est une bonne manière de préparer le plus précisément possible ses contributions en prévision de la séance.

En prévision de l'examen du texte en séance, bien que sans effet sur la loi, mais permettant de faire valoir une analyse, un point de vue, il est possible de proposer à des députés des éléments pour une contribution écrite annexée au procès-verbal de la discussion générale sur le projet ou la proposition de loi. Comme pour la contribution d'un groupe à un rapport de commission, réussir à placer une intervention citoyenne dans une telle contribution écrite est un objectif atteignable et permet d'obtenir un précédent qui pourra être valorisé pour des démarches ultérieures.

Toujours entre l'examen en commission et l'arrivée en séance publique, en écho à la procédure de sous-amendement, il est possible de proposer à des députés ayant déposé des amendements en commission leurs versions légèrement modifiées en prévision de la séance.

C'est donc bien, progressivement, une sorte de procédure parlementaire citoyenne que nous voyons se dessiner en creux du travail des députés.

Le simple fait que ces interstices apparaissent est bien la preuve que les citoyens ont la possibilité de participer de manière effective et réelle au renforcement du travail parlementaire dans sa phase essentielle : l'élaboration des lois.

Contrôler et évaluer : l'« œil du peuple »!

Faire la loi n'est pas l'unique prérogative du Parlement. Celui-ci est censé contrôler l'action du Gouvernement et évaluer les politiques publiques. Cette mission est tout aussi essentielle au fonctionnement démocratique de nos institutions. Nous nous trouvons là sur la ligne de front entre les pouvoirs et les relations qui peuvent ici être particulièrement tendues.

Nous entrons en effet au cœur du conflit, au cœur du rapport de force avec ces missions de contrôle et d'évaluation. Et dans cette tranchée aussi, l'Assemblée nationale donne le sentiment de se battre avec un bras attaché face à un adversaire qui peut s'exonérer des règles communes.

De la même manière que pour la fabrication de la loi, les fonctions de contrôle du Gouvernement et d'évaluation des politiques publiques conférées par la Constitution au Parlement sont tout à la fois réelles et, en même temps, fortement encadrées tout en laissant au pouvoir exécutif d'importantes zones d'ombre, comme les secrets qui ne peuvent être levés par les commissions d'enquête, le temps limité des missions d'information et commissions d'enquête, le contournement possible par le Gouvernement du consentement parlementaire à l'impôt, ou encore l'extinction de la quasi-totalité des pouvoirs de contrôle lors des sessions extraordinaires convoquées par le pouvoir exécutif.

Sur ce terrain, les citoyens peuvent alors se faire lanceurs d'alerte, pour désigner des problèmes sociaux, économiques, environnementaux... qui pourraient justifier un travail de contrôle ou d'enquête, ou orienter et enrichir des travaux en cours.

Évaluer les politiques publiques

Il y a un comité pour ça !

```
Art. 146-3
« (...) le comité d'évaluation et de contrôle des
politiques publiques réalise des travaux d'évalua-
tion portant sur des politiques publiques dont le
champ dépasse le domaine de compétence d'une seule
commission permanente. »
```

Le CEC vise des politiques au sens large. Si nous prenons quelques exemples au hasard dans les travaux des dernières années, pour illustrer le champ des sujets qui peuvent y être abordés, nous pourrons relever des évaluations sur «les politiques publiques de lutte contre l'exclusion : l'accès aux droits sociaux», «la régulation des jeux d'argent et de hasard», «les aides à l'accession à la propriété», *etc.*

Le programme de travail du CEC est défini annuellement. Chaque groupe parlementaire peut obtenir un rapport d'évaluation par session ordinaire.

https://www.assemblee-nationale.fr/dyn/16/organes/delegations-comites-offices/cec

Notons que le CEC est un des rares organes de l'Assemblée nationale qui dispose d'un budget pour pouvoir s'associer des compétences et expertises externes.

C'est donc ici sur la base de l'expérience d'usagers de politiques publiques dans tout domaine que des alertes citoyennes peuvent être conçues et adressées aux membres du CEC.

Le Gouvernement mis à la question

Pour l'exercice de sa mission de contrôle de l'action du Gouvernement, le Parlement dispose notamment d'un panel de modalités de questionnement de ses membres. Ainsi les députés peuvent soumettre le Gouvernement à la question !

Article 133
« La Conférence des présidents fixe la ou les séances hebdomadaires consacrées, conformément à l'article 48, alinéa 6, de la Constitution, aux questions des députés et aux réponses du Gouvernement, y compris pendant les sessions extraordinaires.
Chaque semaine, la moitié au moins des questions prévues dans le cadre de la ou des séances fixées en application de l'alinéa précédent est posée par des députés membres d'un groupe d'opposition. »

Il s'agit là des fameuses « QAG », les questions au Gouvernement, qui se tiennent ordinairement tous les mardis de quinze heures à dix-sept heures. Le choix des questions se fait généralement le matin même au sein de chaque groupe parlementaire, au regard de l'actualité.

Article 134
« Dans le respect des priorités définies par l'article 48 de la Constitution, la Conférence des présidents peut organiser, selon des modalités qu'elle détermine, des séances de questions orales sans débat et proposer de réserver, à cet effet,

une ou plusieurs séances de la semaine prévue par l'alinéa 4 de ce même article. »

Moins connues, car non retransmises à la télévision, mais néanmoins publiques, les questions orales sans débat présentent cependant un intérêt équivalent aux « QAG », si ce n'est un intérêt plus large dans la mesure où elles sont souvent utilisées pour des sujets qui ne se limitent pas exclusivement à des préoccupations d'actualité.

Article 135
« Les députés peuvent poser des questions écrites à un ministre. Les questions qui portent sur la politique générale du Gouvernement sont posées au Premier ministre.
La Conférence des présidents fixe, avant le début de chaque session ordinaire, le nombre maximal de questions écrites pouvant être posées par chaque député jusqu'au début de la session ordinaire suivante.
Les questions écrites doivent être sommairement rédigées et se limiter aux éléments strictement indispensables à la compréhension de la question. Elles ne doivent contenir aucune imputation d'ordre personnel à l'égard de tiers nommément désignés.
(…)
Les réponses des ministres doivent être publiées dans les deux mois suivant la publication des questions. Ce délai ne comporte aucune interruption. »

En plus des échanges directs dans l'hémicycle, les députés peuvent adresser des questions écrites aux ministres.

https://www2.assemblee-nationale.fr/recherche/questions

Ces différentes modalités de questions au Gouvernement constituent un grand classique des méthodes d'interpellation du pouvoir exécutif par le pouvoir législatif. Et il arrive fréquemment que des députés aient recours à l'une de ces diverses pratiques de questionnement pour donner suite à des interpellations citoyennes.

Comme nous l'avons déjà évoqué, la session parlementaire se divise en semaines qui peuvent être réservées pour les travaux budgétaires, en semaines du Gouvernement pour l'examen de projets de loi, en journées d'initiative des groupes pour l'examen de propositions de loi, en semaines de l'Assemblée nationale, mais aussi en semaines de contrôle, qu'il faut entendre comme « contrôle de l'action du Gouvernement ».

```
Article 48 - Alinéa 8
```
« Chaque président de groupe d'opposition ou de groupe minoritaire obtient de droit l'inscription à l'ordre du jour de la semaine prévue à l'article 48, alinéa 4, de la Constitution d'un débat sans votes ou d'une séance de questions portant prioritairement sur les conclusions du rapport d'une commission d'enquête ou d'une mission d'information (…), sur les conclusions d'un rapport d'information ou d'évaluation (…), ou sur celles d'un rapport d'évaluation ou de suivi (…). »

Les rapports de ces missions d'information ou de commissions d'enquête, comme les rapports d'application ou d'évaluation, donnent en général lieu à l'établissement d'une liste de propositions et préconisations à l'attention du Gouvernement afin de remédier aux difficultés ou dysfonctionnements constatés.

C'est en général sur ces préconisations que vont porter les débats de contrôle, afin de vérifier ce que le Gouvernement aura fait ou aurait l'intention de faire.

Des missions pour s'informer

C'est pour nourrir la fonction de contrôle de la politique du Gouvernement et aussi pour préparer des travaux législatifs, que les commissions permanentes, la Conférence des présidents, ainsi que chaque groupe d'opposition ou minoritaire une fois par session ordinaire, peuvent mettre en place ou solliciter une mission d'information.

Pendant plusieurs mois, un groupe de députés, dont la composition doit refléter celle de l'Assemblée nationale (dans le cas d'un binôme, l'un des deux est issu d'un groupe d'opposition) vont étudier un sujet spécifique.

https://www2.assemblee-nationale.fr/16/missions-d-information

Ce travail, d'initiative parlementaire, offre un temps précieux pour approfondir l'expertise des députés sur un sujet. La capacité d'intervention des parlementaires engagés dans ces travaux est ainsi fortement accrue. De plus, ils vont disposer de moyens humains et logistiques de la commission dont relève cette mission d'information. Ce sont donc des procédures particulièrement favorables à des interpellations citoyennes qui peuvent utilement venir enrichir ou contribuer à orienter les travaux de telles missions.

Alors que nous avons vu que le temps manque souvent aux députés lors de l'examen d'un projet de loi, que le travail d'audition du rapporteur peut être réduit comme peau de chagrin par le recours à la procédure accélérée, ces missions d'information sont aussi une façon pour les députés de se donner du temps en anticipant sur des travaux à venir.

En adoptant cette stratégie d'anticipation, les députés d'une commission se donnent les moyens de disposer de précieuses informations et expertises qui seront essentielles dans le rapport de force avec le Gouvernement à l'occasion de l'examen d'un projet de loi sur le même sujet.

L'application et l'évaluation de la loi

On entend souvent dire que les lois ne sont pas appliquées. Après avoir délibéré, amendé et voté les lois, les députés vont être amenés à effectuer un travail de contrôle d'application d'une part et d'évaluation d'autre part.

Du côté du Parlement, un rapport d'application est prévu six mois après la promulgation d'une loi. Nous retrouvons là à l'œuvre le rapporteur du projet de loi ainsi que le rapporteur d'application.

Il est fréquent que ce rapport, en plus de recenser les dispositions effectivement mises en œuvre et de pointer celles qui ne le seraient pas encore, commence également à porter un jugement sur les premiers effets de la loi.

S'il est bon de vérifier la célérité de la mise en application d'une loi, il est important de consacrer du temps à son évaluation. Cette procédure est prévue trois ans après la promulgation d'une loi. Le temps a passé et les effets de la loi peuvent être mesurés, notamment au regard de ce qui en était attendu dans son étude d'impact.

Ce travail d'évaluation ne se contente pas d'une description, mais conduit nécessairement à des préconisations pour d'éventuelles adaptations du cadre légal au regard du diagnostic réalisé.

Vote et contrôle des impôts et du budget

La question des finances publiques et des impôts est depuis toujours un sujet central du rôle des Parlements. Et cela avant-même l'émergence des régimes démocratiques modernes. Pensons tout simplement à l'importance du sujet fiscal dans la survenue de la Révolution française et de la nécessité pour le roi de convoquer les états généraux afin d'obtenir leur consentement à l'impôt.

Un peu d'histoire :

Ce n'est pas un hasard si, dès le 17 juin 1789, la première Constituante prit le décret suivant :

```
«L'Assemblée nationale, considérant que les contri-
butions telles qu'elles se perçoivent actuellement,
n'ayant pas été consenties par la nation sont
toutes illégales et, par conséquent, nulles dans
leur création, extension ou prorogation, déclare
consentir provisoirement, pour la nation, que
```

> *les impôts et contributions, quoiqu'illégalement établis et perçus, continuent d'être levées de la même manière jusqu'au jour de la séparation de la présente Assemblée; passé lequel jour l'Assemblée nationale entend et décrète que toute levée d'impôt et contributions de toute nature, qui n'auraient pas été nominalement, formellement et librement accordés par l'Assemblée, cessera entièrement dans toutes les provinces du royaume.»*

Ainsi la question du « consentement à l'impôt » est-elle une question démocratique essentielle. Et dans la Déclaration universelle des droits de l'homme et du citoyen du 26 août 1789, qui fait toujours partie de ce qui est appelé le « bloc de constitutionnalité », c'est-à-dire les textes qui, avec la Constitution, ont une valeur constitutionnelle et qui comprennent donc, en outre de ces deux premiers, le préambule de la Constitution de 1946 et la Charte de l'environnement de 2004, nous trouvons la formulation suivante en son article 14 :

> «Tous les citoyens ont le droit de constater, par eux-mêmes ou par leurs représentants, la nécessité de la contribution publique, de la consentir librement, d'en suivre l'emploi, et d'en déterminer la quotité, l'assiette, le recouvrement et la durée.»

Et si la Constitution du 14 septembre 1791 fit obligation aux ministres de présenter chaque année au Corps législatif, à l'ouverture de la session, l'aperçu des dépenses à faire dans leur département et de rendre compte de l'emploi des crédits précédemment accordés, la loi organique no 2001-692 du 1er avril 2001 qui *organise aujourd'hui nos lois de finances, indique en son article 39 que* « Le projet de loi de finances de l'année, y compris les documents prévus aux articles 50 et 51, est déposé et distribué au plus tard le premier mardi d'octobre de l'année qui précède celle de l'exécution du budget. Il est immédiatement renvoyé à l'examen de la commission chargée des finances », *premier mardi d'octobre dont nous avons déjà eu l'occasion de voir qu'il correspond à l'ouverture de la session ordinaire. Ainsi s'ouvre ce qui est appelé « l'automne budgétaire ».*

Parmi les particularités de ce projet de loi si spécifique, la question du temps est encore plus prégnante que pour les autres travaux du Parlement. Non seulement cette loi de finances revient à date fixe tous les ans, mais elle doit également être finalisée et adoptée dans un délai lui-même figé. En effet, le quatrième alinéa de l'article 47 de la Constitution indique que : « Si la loi de finances fixant les ressources et les charges d'un exercice n'a pas été déposée en temps utile pour être promulguée avant le début de cet exercice, le Gouvernement demande d'urgence au Parlement l'autorisation de percevoir les impôts et ouvre par décret les crédits se rapportant aux services votés. »

Ainsi, c'est dans un temps encadré que l'ensemble des recettes publiques et des dépenses publiques doivent être débattues et adoptées. Cela conduit à une charge de travail particulièrement lourde pour l'ensemble des députés et plus encore pour les membres de la commission des finances.

Notons qu'il en va de même pour le budget de la Sécurité sociale, qui est examiné lui aussi selon une procédure tout à fait spécifique définie par une loi organique dédiée, pendant ce même automne budgétaire.

Nous devons donc relever que ces procédures spéciales qui s'appliquent à deux textes fondamentaux votés chaque année permettent, *in fine*, un contournement du Parlement d'une double manière.

D'une part, comme nous venons de le voir, dans le cas où l'examen de ces projets de loi de financement ne serait pas terminé dans les délais impartis, le Gouvernement peut procéder par ordonnances. Les ordonnances étant des actes du Gouvernement par lequel celui-ci intervient dans le domaine de la loi, normalement prérogative du Parlement.

D'autre part, le Gouvernement a également la possibilité de recourir à l'article 49 alinéa 3 de la Constitution, que nous avons déjà évoqué, permettant de « considérer le projet comme adopté », sauf à ce qu'une motion de censure soit votée contre le Gouvernement par une majorité de députés.

Soulignons que dans le cas des textes budgétaires, aucune limitation de recours à cet article ne pèse sur le Gouvernement (alors qu'il ne peut y recourir que sur un texte par session). Ainsi, on comprend que ces textes, historiquement au cœur du rôle du Parlement, offrent à l'exécutif un large champ de contournement de celui-ci.

Pour ce qui est du contrôle, la commission des finances pour le budget et celle des Affaires sociales pour la Sécurité sociale se sont dotées de deux missions d'évaluation disposant de pouvoirs spéciaux de contrôle et d'enquête, respectivement la mission d'évaluation et de contrôle (MEC) et la mission d'évaluation et de contrôle des lois de financement de la Sécurité sociale (MECSS).

Elles interviennent en plus des missions et contrôles pouvant être effectués par les rapporteurs généraux de la commission des finances et de la commission des Affaires sociales et par les rapporteurs spéciaux des missions budgétaires (qui correspondent à un découpage du budget de l'État par grands domaines d'intervention), qui disposent également de pouvoirs d'investigation.

Quand les députés mènent l'enquête

Comme nous l'avons vu, le pluralisme et la transparence sont des caractéristiques essentielles du fonctionnement de l'Assemblée nationale, contribuant à sa représentativité ainsi qu'à la possibilité pour chaque citoyen de voir et d'entendre les travaux du « Peuple assemblé ».

Mais l'Assemblée nationale est, elle aussi, un prolongement de l'œil du peuple, et il convient qu'elle puisse voir loin pour connaître la vérité de l'état du pays comme celle de ses services publics et administrations.

C'est là une fonction et un pouvoir ancestraux de notre Parlement. Et pour l'exercice de ce travail, les députés vont pouvoir se doter de prérogatives d'enquête qui sont définies dans l'article 6 de l'ordonnance n° 58-1100 du 17 novembre 1958 relative au fonctionnement des assemblées parlementaires.

> « Outre les commissions mentionnées à l'article 43 de la Constitution, seules peuvent être éventuellement créées au sein de chaque assemblée parlementaire des commissions d'enquête ; les dispositions ci-dessous leur sont applicables.
> Les commissions d'enquête sont formées pour recueillir des éléments d'information soit sur des

faits déterminés, soit sur la gestion des services publics ou des entreprises nationales, en vue de soumettre leurs conclusions à l'assemblée qui les a créées.

(...)

Les rapporteurs des commissions d'enquête exercent leur mission sur pièces et sur place. Tous les renseignements de nature à faciliter cette mission doivent leur être fournis. Ils sont habilités à se faire communiquer tous les documents de service, à l'exception de ceux revêtant un caractère secret et concernant la défense nationale, les affaires étrangères, la sécurité intérieure ou extérieure de l'État, et sous réserve du respect du principe de la séparation de l'autorité judiciaire et des autres pouvoirs.

Toute personne dont une commission d'enquête a jugé l'audition utile est tenue de déférer à la convocation qui lui est délivrée, si besoin est, par un huissier ou un agent de la force publique, à la requête du président de la commission. À l'exception des mineurs de seize ans, elle est entendue sous serment. Elle est, en outre, tenue de déposer, sous réserve des dispositions des articles 226-13 et 226-14 du Code pénal. Les dispositions du troisième alinéa de l'article 41 de la loi du 29 juillet 1881 sur la liberté de la presse lui sont applicables.

(...)

La personne qui ne comparaît pas ou refuse de déposer ou de prêter serment devant une commission

d'enquête est passible de deux ans d'emprisonnement et de 7500 euros d'amende.
Le refus de communiquer les documents visés au deuxième alinéa du II est passible des mêmes peines. Dans les cas visés aux deux précédents alinéas, le tribunal peut en outre prononcer l'interdiction, en tout ou partie, de l'exercice des droits civiques mentionnés à l'article 131-26 du Code pénal, pour une durée maximale de deux ans à compter du jour où la personne condamnée a subi sa peine.
En cas de faux témoignage ou de subornation de témoin, les dispositions des articles 434-13, 434-14 et 434-15 du Code pénal sont respectivement applicables.
Les poursuites prévues au présent article sont exercées à la requête du président de la commission ou, lorsque le rapport de la commission a été publié, à la requête du bureau de l'assemblée intéressée. »

Dans la description du cadre juridique qui définit les pouvoirs d'enquête du Parlement, nous voyons les pouvoirs étendus des parlementaires et les contraintes fortes pesant sur les personnes entendues.

https://www2.assemblee-nationale.fr/16/autres-commissions/commissions-d-enquete

Remarquons que chaque groupe parlementaire d'opposition ou minoritaire dispose du droit d'obtenir une fois par session ordinaire la création d'une commission d'enquête ou d'une mission d'information. Il est, de plus, loisible à tout député ou groupe de députés de déposer des propositions de résolutions qui tendent à la création de commissions d'enquête. Mais il faut, pour que celles-ci soient effectivement créées, que ces propositions de résolutions soient adoptées par l'Assemblée nationale. Quant aux missions d'information, c'est au sein des commissions permanentes qu'elles sont sollicitées et éventuellement mises en place.

Un peu d'histoire :

Le droit et la capacité du Parlement à mener des enquêtes, à faire traduire devant lui des personnes, à effectuer des contrôles sur pièce et sur place, sont une prérogative dont l'exercice peut fréquemment conduire sur les lignes de démarcation des différents pouvoirs.

Alors que la mise en œuvre d'une commission d'enquête parlementaire est subordonnée à la vérification qu'aucune poursuite judiciaire n'est en cours sur les faits ayant motivé la proposition de résolution tendant à la création de ladite commission (Article 139 Alinéa 2 du Règlement de l'Assemblée nationale), et cela afin de garantir que le pouvoir législatif n'interfère pas avec l'autorité judiciaire, cela n'interdit cependant pas toute investigation en lien avec des faits soumis à une procédure judiciaire.

Ainsi en 2018, une commission d'enquête parlementaire « chargée de tirer les enseignements de l'affaire Lactalis et d'étudier à cet effet des dysfonctionnements des systèmes de contrôle et d'information, de la production à la distribution, et l'effectivité des décisions publiques » put être mise en œuvre alors qu'une instruction judiciaire était en cours.

Le 21 novembre 1892, une résolution visa la création d'une commission d'enquête sur le scandale de Panama et se donna le droit de traiter de faits connexes à ceux concernés par l'information judiciaire.

Pouvant notamment viser les services publics et administrations, qui sont sous l'autorité du pouvoir exécutif, les commissions d'enquête parlementaires conduisent fréquemment les députés à ouvrir les portes et tiroirs des ministères et de leurs administrations. Cela fut par exemple le cas de manière assez inédite pendant plus de dix-huit mois après les tragiques attentats de novembre 2015, où un contrôle parlementaire permanent de l'état d'urgence fut instauré et pratiqué.

Peut-être que l'œuvre la plus épique en matière de contrôle revient au travail des commissions parlementaires pendant la Première Guerre mondiale. En effet, les parlementaires ont bataillé contre le Gouvernement et le Grand Quartier général pour imposer progressivement un contrôle de l'ensemble de l'œuvre de guerre, des marchés publics aux usines de fabrication jusqu'à la ligne de front.

Ainsi, en février 1915, Joffre répondait en ces termes à une demande de la commission des Armées de la Chambre des députés qui demandait à ce que chacun de ses membres soit doté d'une carte de circulation permanente dans la zone des armées : « J'estime que pendant les opérations, il ne peut y avoir de contrôle parlementaire sur les actes du commandement ni sur le fonctionnement des services aux armées. Car les "responsabilités envers le pays" ne doivent pas être partagées et l'exercice du contrôle des Chambres aurait pour résultat certain de diminuer l'autorité du commandement à tous ses degrés. Mon devoir est de maintenir cette autorité intacte. Je ne puis donc accepter la présence dans la zone des armées d'aucune commission ou délégation du Parlement. »

Mais en 1919, lorsque Victor Dalbiez, un des plus actifs membres de la commission des armées, fit un rapport sur les travaux de la commission pendant la guerre, il put en rendre compte dans les termes suivants : « *À dater de ce jour, commence l'œuvre de contrôle de la commission de l'armée; sortant délibérément de ses attributions normales, elle va, sans négliger à aucun moment la mission qu'elle a reçue pour l'étude des projets et propositions de loi, s'efforcer de suivre pas à pas l'œuvre de guerre du gouvernement. Elle ne cessera de stimuler les différents services (fabrications de guerre, intendance, service de santé, effectifs); elle visitera les usines, surveillera la fabrication des matériels, veillera à ce que rien ne soit négligé pour développer au plus haut point l'effort de production. Elle appellera à la barre le ministre de la Guerre, les sous-secrétaires d'État, le président du Conseil lui-même; leur enverra les rapports de ses commissaires; demandera que certains de ces rapports, les plus importants, soient transmis au président de la République. Elle se substitue en quelque sorte au Parlement pour le contrôle des actes de l'exécutif; ce sont de véritables interpellations qui se déroulent dans le secret de la commission et, en outre, constatant l'insuffisance du contrôle gouvernemental sur l'administration de l'armée, elle institue pour son propre compte un véritable service d'inspection sur pièces et sur place de tous les services intéressant la défense nationale. Conception élargie de ses devoirs et redoutable par les responsabilités qu'elle entraîne pour la commission et aussi pour le Parlement. Peut-on aujourd'hui reprocher à la commission d'avoir pris cette initiative? Il est possible que l'on discute la légitimité des pouvoirs qu'elle a revendiqués, mais personne ne pourra contester l'efficacité de son œuvre. À défaut du texte précis, les devoirs envers le pays lui donnaient le droit de veiller à son salut*[35]. »

---

35. Sur cette passionnante épopée du fonctionnement du Parlement en temps de guerre, on se reportera notamment au livre de Fabienne BOCK, *Un parlementarisme de guerre 1914 - 1919*, Éditions Belin, 2002.

Limitation du droit de contrôle

L'équilibre et le contrôle des pouvoirs passent, comme cela nous est apparu, par le recours à certains droits du Parlement, comme les commissions d'enquête et les missions d'information, qui sont des dispositifs lourds, impliquant des députés sur des travaux pouvant aller jusqu'à six mois.

Cette question est aussi un sujet hautement politique, la majorité de l'Assemblée nationale étant en soutien du Gouvernement, par conséquent elle peut ne pas être des plus velléitaires pour mener des démarches de contrôles qui pourraient gêner l'exécutif.

C'est pourquoi le droit des minorités et oppositions n'est pas qu'une question de pluralisme dans les débats, mais a aussi un rôle crucial à jouer dans l'exercice plein et entier par l'Assemblée nationale de l'ensemble de ses prérogatives.

Or, les groupes minoritaires et d'opposition disposent d'un seul « droit de tirage » qui, normalement, leur assure *de droit*, une fois par session ordinaire (donc une fois par an), de pouvoir obtenir la mise en place d'une commission d'enquête ou d'une commission d'information. Et encore, nous avons plus haut un fâcheux précédent au sujet d'un projet de commission d'enquête refusé par la majorité, malgré le recours à ce droit d'un groupe d'opposition.

Des sessions extraordinaires qui coupent court au contrôle

L'agenda parlementaire est déjà apparu dans notre parcours comme un objet de tension entre de nombreux acteurs. Du côté du Gouvernement, les ministres cherchent à pouvoir faire inscrire des projets de loi. Du côté des députés, ceux-ci cherchent à faire inscrire des propositions de loi. Toutes les semaines, le Gouvernement et l'Assemblée nationale discutent, dans le cadre de la Conférence des présidents, de l'ordre du jour.

Au-delà de la session ordinaire, prévue par la Constitution, le président de la République a la faculté de convoquer par décret le Parlement en session extraordinaire. À l'inverse, les députés, quand bien même considèreraient-ils avoir besoin de plus de temps pour l'examen de propositions de loi par exemple, ou pour des mises en débat de travaux de contrôle, ne peuvent pas eux-mêmes décider de l'ouverture d'une session extraordinaire.

De plus, lors de ces sessions extraordinaires, un certain nombre de droits des parlementaires sont amoindris. Ainsi, le droit de tirage des groupes minoritaires ou d'opposition permettant d'obtenir une commission d'enquête ou une mission d'information ne s'y applique pas. Par contre, le Gouvernement y trouve lui, à l'inverse, une sorte de capacité à « recharger » certains de ses droits, comme celui de faire usage « une fois par session » de l'article 49 alinéa 3 de la constitution. Il n'y a pas non plus de semaines de contrôle, ni de semaines de l'Assemblée nationale, ni de journées d'initiative des groupes pendant ces sessions extraordinaires à la main du Gouvernement.

Ces sessions sont vraiment extraordinaires pour le Gouvernement !

Prenons de bonnes résolutions

La loi, pour être une loi, doit être votée par le Parlement, c'est-à-dire par le Sénat et l'Assemblée nationale.

Il existe une catégorie de textes qui ne sont votés que par une seule des deux chambres. Ce sont les résolutions. C'est notamment par une telle résolution qu'une chambre peut modifier son règlement intérieur. C'est également ainsi qu'elle peut décider de la mise en place d'une commission d'enquête.

Mais il existe aussi des résolutions qui sont en quelque sorte de simples déclarations, des textes par lesquels une Chambre affirme une position.

```
Art. 82 — Alinéa 1
```
« Hormis les cas prévus expressément par les textes constitutionnels ou organiques, les propositions de résolution ne sont recevables que si elles formulent des mesures et décisions d'ordre intérieur qui, ayant trait au fonctionnement et à la discipline de l'Assemblée, relèvent de sa compétence exclusive. »

```
Art. 136
```
« Les propositions de résolution présentées par les députés, ou au nom d'un groupe par son président, au titre de l'article 34-1 de la Constitution, sont déposées sur le bureau de l'Assemblée, enregistrées à la Présidence, imprimées et distribuées. »

Art. 34-1 Constitution

« Les assemblées peuvent voter des résolutions dans les conditions fixées par la loi organique.

Sont recevables et ne peuvent être inscrites à l'ordre du jour les propositions de résolution dont le Gouvernement estime que leur adoption ou leur rejet serait de nature à mettre en cause sa responsabilité ou qu'elles contiennent des injonctions à son égard. »

Une résolution n'a pas « force de loi », mais elle peut inviter le Gouvernement à certaines actions et exprimer la position de l'Assemblée nationale de manière à avoir un acte symbolique fort.

Nous pourrons ainsi relever dans les dernières années, la reconnaissance du génocide en cours du peuple ouïgours par les autorités chinoises, ou l'invitation faite au Gouvernement à livrer davantage d'armes à l'Ukraine.

Un peu d'histoire :

Les résolutions, comme nous venons de le voir, peuvent avoir plusieurs usages. Acte de décision interne à l'Assemblée nationale, elles sont le moyen de décider des modifications de son Règlement. Mais acte politique, elles peuvent être un moyen pour l'Assemblée nationale de s'adresser au pouvoir exécutif sans pour autant le contraindre d'aucune manière.

Cette question des communications entre l'exécutif et le législatif sans enfreindre leur séparation, sans que l'un empiète sur l'autre, est un sujet ancien.

Comme le notait déjà Eugène Pierre : « *Dans les républiques comme dans les monarchies, le chef du pouvoir exécutif ne communique avec les Chambres qu'au moyen de messages.* » Si le Premier ministre s'exprime facilement devant les parlementaires, « *Le président de la République communique avec les deux assemblées du Parlement par des messages qu'il fait lire et qui ne donnent lieu à aucun débat.* » *(Article 18, alinéa 1er de la Constitution)*

Pour s'adresser directement aux parlementaires, le président de la République doit convoquer un Congrès à Versailles, dont l'organisation n'est pas sans rappeler le décret du 29 septembre 1791 :

« *Lorsque le Roi se rendra dans le Corps législatif, l'Assemblée sera debout ; elle sera assise et couverte, lorsque le Roi sera assis et couvert. — Le Roi sera placé au milieu de l'estrade ; il aura un fauteuil à fleurs de lys ; ses ministres seront derrière lui ; le Président sera à sa droite et gardera son fauteuil ordinaire. — Personne ne pourra adresser la parole au Roi, si ce n'est en vertu d'un décret exprès de l'Assemblée précédemment rendu.* »

Hormis quelques éléments de décoration d'un fauteuil et de disposition de quelques personnes, la plus importante différence entre cette organisation et celle de nos congrès, est qu'aujourd'hui, nul ne peut adresser la parole au Président lors d'un Congrès convoqué par lui comme l'indique l'alinéa 2 de l'article 18 de la Constitution : « *Il peut prendre la parole devant le Parlement réuni à cet effet en Congrès. Sa déclaration peut donner lieu, hors de sa présence, à un débat qui ne fait l'objet d'aucun vote* ».

Notre monarchie républicaine semble se faire une opinion plus inaccessible de la fonction présidentielle au commun des parlementaires que notre monarchie constitutionnelle de la fonction royale...

L'expertise concurrente

Pour mener à bien leur mandat, les députés doivent pouvoir s'informer de manière autonome, se libérer de la dépendance d'informations fournies par le Gouvernement. Sur ce point, la faiblesse du pouvoir législatif est source d'une fragilité dangereuse de son indépendance et de sa capacité à donner corps à l'équilibre et au contrôle des pouvoirs.

Comme nous l'avons déjà aperçu au sujet de l'émergence des problématiques liées à l'environnement dans l'organisation des travaux parlementaires, la loi 83-609 du 08 juillet 1983 a créé l'Office parlementaire d'évaluation des choix scientifiques et technologiques (OPECS). Celui-ci est un outil d'expertise et d'évaluation des questions scientifiques et techniques commun à l'Assemblée nationale et au Sénat, lui fournissant dix-huit membres chacun, et doté d'un conseil scientifique.

Pour leurs travaux, les députés en charge d'une étude disposent de pouvoirs spéciaux, en plus que de mener des auditions à huis clos de personnes-ressources, et des auditions publiques, de procéder à des investigations sur place et sur pièces, leur permettant d'accéder à des infrastructures stratégiques comme les centrales nucléaires et se faire remettre les documents nécessaires à leurs travaux à l'exception de documents classifiés secrets.

https://www.assemblee-nationale.fr/dyn/16/organes/delegations-comites-offices/opecst

Conclusion

C'est pour l'exercice de ses missions de contrôle et d'évaluation que nous pourrions nous attendre à ce que le Parlement dispose de droits importants et d'un rapport de force favorable face au pouvoir exécutif qu'il est sensé, non seulement «équilibrer», mais ici «contrôler». Or, comme nous le voyons, s'il dispose effectivement de procédures spécialement dédiées, le Parlement n'échappe pas en ces matières aux contraintes du parlementarisme «rationalisé» institué par la Constitution de la Ve République.

C'est pourquoi, ici aussi, les travaux des parlementaires peuvent utilement bénéficier de contributions citoyennes dans une sorte d'écho aux interventions des lanceurs d'alerte dans l'espace public, en attirant l'attention des parlementaires de manière à orienter des travaux de contrôle et d'évaluation.

La liste est longue des entrées que nous avons pu identifier pour des contributions citoyennes à ces missions.

Le Comité d'évaluation et de contrôle des politiques publiques sera attentif à l'expression de constats de défaillances de politiques publiques, et pourra suggérer d'orienter son programme de travail en fonction de telles alertes, ou nourrir ses missions de témoignages, informations et analyses qui lui parviendraient.

Sur des points précis liés à l'application d'une loi ou à la mise en œuvre d'une politique publique, ou pour signaler une difficulté ou un problème sur la base d'une expérience personnelle, il est possible de suggérer à des députés, ciblés sur la base de considérations géographiques ou du fait de leurs engagements sur le sujet visé, une question au Gouvernement, selon l'une des diverses procédures à leur disposition pour cela.

Les semaines de contrôle peuvent être utilisées en repérant les sujets à l'ordre du jour. Sur cette base, on analysera les rapports parlementaires servant aux séances visées, et plus particulièrement leurs recommandations. Les membres des missions et commissions ayant produit ces rapports seront des interlocuteurs privilégiés.

Quand les députés se donnent du temps, cela donne du temps à la participation citoyenne! Ainsi en va-t-il des missions d'information. Il convient de se saisir de cette occasion très précieuse en contactant les membres de celle-ci pour leur communiquer informations et suggestions en rapport avec l'objet de la mission. Ces missions réalisant des auditions et visites de terrain, des suggestions en ce sens peuvent également leur être adressées.

Au sujet de ces travaux parlementaires qui produisent très fréquemment des rapports riches et accessibles à toutes et tous, rappelons que, de la même manière qu'il n'y a pas de diplômes de député, il n'y a pas de diplômes à avoir pour rédiger des contributions citoyennes. Cependant, un «avis personnel» n'a pas grand intérêt, ni celui des parlementaires ni celui des citoyens, si ceux-ci ne se donnent pas les moyens de travailler, d'enrichir, de confronter cet avis. Les missions d'information et autres travaux parlementaires visant à faire émerger une expertise, à mobiliser les ressources de connaissances et d'expériences dans la société sur un sujet particulier, donnant lieu à des auditions et rapports publics, sont des outils précieux pour les citoyens eux-mêmes, pour y confronter analyses, expériences et avis, avant d'adresser des interpellations aux députés. De la même manière que la société peut contribuer aux travaux parlementaires, il ne faut pas exclure que les travaux parlementaires puissent participer à l'information et à la réflexion de la société! La lecture de ces rapports peut apporter un surcroit d'arguments, la possibilité de s'en revendiquer, pour appuyer des interventions.

Six mois après la promulgation d'une loi, les personnes ayant constaté une non application ou mauvaise application de dispositions législatives auxquelles elles seraient confrontées, pourront utilement faire connaître ces éléments d'information au rapporteur et au rapporteur d'application de la loi visée, en prévision de la rédaction de leur rapport d'application.

Trois ans après l'adoption d'une loi, une expérience des conséquences de son application, une capacité à documenter ses effets positifs ou négatifs, des propositions d'ajustements du cadre légal, seront des informations utiles au travail d'évaluation législative effectué par la commission permanente qui avait examiné le projet de loi.

L'évaluation législative est prévue, mais n'est pas systématique. La remontée vers les députés de problématiques liées à la mise en œuvre d'une loi peut inciter à proposer au sein de la commission compétente une procédure d'évaluation. Aussi les alertes citoyennes peuvent-elles contribuer à engager des missions d'évaluation en plus que de les enrichir.

Concernant les matières fiscales ou des dépenses de l'État, ainsi que sur les questions relatives au financement de la Sécurité sociale, toute intervention veillera à s'inscrire strictement et le plus précocement possible dans le calendrier spécifique de l'« automne budgétaire » d'examen du projet de loi de finances et du projet de loi de financement de la Sécurité sociale. Les rapporteurs spéciaux des missions budgétaires et co-présidents de la MEC et de la MECS seront également des interlocuteurs particulièrement privilégiés.

Quant aux sujets à forte implication scientifique ou technique, il convient de suivre tout particulièrement l'agenda des travaux de l'OPECST.

Encore une fois, nous voyons que la procédure parlementaire est de fait «ouverte» et peut être investie! Au bénéfice d'une démocratie représentative plus démocratique, maintenant un dialogue élargi avec les citoyens. Mais aussi pour enrichir concrètement ces travaux de contrôle et d'évaluation, bénéficiant de la sorte des capteurs sociaux, environnementaux, économiques ou autres, partout sur le territoire par l'intermédiaire de celles et ceux qui se feraient alors «vigies citoyennes» pour le compte de notre Assemblée nationale.

Ainsi, *in fine*, cet engagement citoyen dans les procédures parlementaires de contrôle et d'évaluation ne pourrait que renforcer la force de l'Assemblée nationale sur cette ligne de front que constitue la séparation et le contrôle des pouvoirs.

Vers le Règlement citoyen de l'Assemblée nationale

À l'approche de la fin de notre parcours, se dessine la possibilité, probablement surprenante pour beaucoup, d'une relation profondément revue des citoyens avec nos députés. Loin de l'idée de la pure et simple délégation, nous avons découvert mille et une possibilités de coopération, de co-législation. Et peut-être plus encore, se fait jour le besoin pour l'Assemblée nationale de réussir à nouer ce dialogue nouveau, continu, avec le peuple qu'elle doit représenter et au nom duquel il lui faut voter les lois, contrôler l'action du Gouvernement et évaluer les politiques publiques.

À toutes les modalités de dialogue ou d'interpellation identifiées jusqu'à présent, une ancestrale nous reste à aborder. La bonne vieille pétition, qui a toujours droit de cité dans la procédure parlementaire contemporaine. Un vestige ? À l'image de ce que nous avons souvent constaté, tout est question d'usage. L'outil est là. Qu'en est-il fait ?

Enfin, derrière une procédure qui pourrait relever d'une véritable coopération entre citoyens et députés, le référendum, dans sa version « d'initiative partagée ». Nous avons vu l'importance de cette question de l'initiative dans le travail parlementaire et dans l'équilibre des pouvoirs. Lorsque la Constitution prévoit une procédure d'initiative partagée entre les citoyens et les parlementaires, pouvant alors, sur le papier, contourner le pouvoir exécutif dans l'engagement d'un référendum, c'est pour mieux la rendre impossible...

Après ses dernières étapes, il sera temps de ramasser ce parcours dans une proposition de Règlement citoyen de l'Assemblée nationale, en écho à l'outil de travail quotidien des députés, le Règlement de l'Assemblée nationale.

Référendum... La souveraineté populaire retrouvée ?

Art. 3-1 Constitution
« La souveraineté nationale appartient au peuple qui l'exerce par ses représentants et par la voie du référendum. »

Les citoyens peuvent participer, contribuer, aux travaux parlementaires et ainsi influer sur les décisions prises par leurs représentants pendant l'exercice de leur mandat et entre deux élections.

Mais à proprement parler, les deux actes de souveraineté directement à la main des citoyennes et citoyens sont d'une part l'élection de leurs représentants et d'autre part le vote lors de référendums. Dans ces circonstances, les citoyens décident directement.

Les référendums, comme l'indique l'article 11 de la Constitution, peuvent porter « sur l'organisation des pouvoirs publics, sur des réformes relatives à la politique économique, sociale ou environnementale de la Nation et aux services publics qui y concourent », ainsi que sur « la ratification d'un traité qui, sans être contraire à la Constitution, aurait des incidences sur le fonctionnement des institutions. »

Le Gouvernement et les parlementaires peuvent concurremment être à l'initiative d'un tel référendum en le proposant au président de la République.

Cependant, les parlementaires peuvent essayer de contourner le président de la République dans le cadre de la procédure dite du référendum d'initiative partagée (RIP). Si un cinquième des parlementaires déposent une proposition en ce sens et que le Conseil constitutionnel la valide, alors s'ouvre une période de neuf mois de recueil des soutiens citoyens à cette proposition. Il faudra alors qu'un dixième des électeurs inscrits sur les listes électorales, soit plus de quatre millions de personnes, apportent leur soutien formel à cette proposition pour qu'elle puisse aboutir et que soit organisé un référendum[36].

Et encore, cela ne serait pas certain, la Constitution prévoyant que ce référendum n'interviendrait que « si la proposition de loi n'a pas été examinée par les deux assemblées » dans un délai de six mois.

Nous voyons là que cette procédure est à ce jour encadrée par des seuils de déclenchement et des conditions d'aboutissement qui expliquent qu'elle n'ait été engagée que très rarement et qu'elle n'ait jamais abouti.

Par ailleurs, il convient de noter l'existence d'une procédure de motion référendaire qui peut être présentée à l'initiative de dix pour cent des députés lors de l'examen d'un projet de loi, visant à proposer que celui-ci, plutôt que d'être examiné par le Parlement, soit soumis à référendum. Le Gouvernement peut également en faire la proposition au président de la République.

Où l'on voit que l'investissement des possibilités de participation au travail parlementaire ouvre plus de perspectives, adaptées aux attentes et propositions plus diverses de chacune et chacun, et plus susceptibles d'aboutissement, même si cela supposera un investissement de long terme, que l'attente d'éventuels référendums.

---

36. Les règles encadrant cette procédure du référendum d'initiative partagée se trouvent dans la loi organique n° 2013-1114 du 6 décembre 2013 portant application de l'article 11 de la Constitution.

La bonne vieille pétition

On ne trouve de définition des pétitions ni dans le Règlement de l'Assemblée nationale ni dans la Constitution, alors même que les conditions de leur dépôt, de leur examen et de leur éventuelle discussion sont prévues.

Nous sommes là face à un des plus anciens vestiges de notre procédure parlementaire.

Un peu d'histoire :

En 1893 déjà, Eugène Pierre, alors secrétaire général de la Chambre des députés, pouvait écrire dans son Traité de droit politique électoral et parlementaire que : « *Le droit pour chaque citoyen d'exposer aux représentants du pays, par voie de pétition, les erreurs ou les abus du pouvoir exécutif a constitué longtemps un privilège assez précieux pour qu'on jugeât nécessaire, aux heures de dictature, de le surveiller et de l'amoindrir. Dans notre vie moderne, la puissance et la multiplicité des journaux, la rapidité des moyens de communication ont diminué la valeur de cet antique instrument des libertés publiques. Les pétitions ne sont plus guère aujourd'hui qu'un moyen de tactique parlementaire pour provoquer à la tribune des explications ou des votes que le Gouvernement aimerait à reculer ; elles apportent rarement aux Assemblées la révélation de secrets politiques ou sociaux. Qu'y a-t-il de secret aujourd'hui, même dans la vie privée ?* »

Nous pourrions ajouter aujourd'hui qu'elles ne sont même plus ce « *moyen de tactique parlementaire pour provoquer à la tribune des explications ou des votes que le Gouvernement aimerait à reculer.* »

Mais alors que nous nous interrogeons sur les voies et moyens de la participation citoyenne à la procédure parlementaire, il serait pour le moins surprenant d'avoir à se résoudre à ce que l'un des outils les plus anciens de ce droit soit à considérer comme pur folklore inutile. Et cela alors même que la multiplication des moyens d'information n'a pas empêché l'émergence de ce qu'il est désormais convenu d'appeler les lanceurs d'alerte, que la loi commence à reconnaître et à protéger. Ainsi, la faculté offerte à chacune et chacun de pouvoir librement interpeler le Parlement apparaît bien comme une liberté essentielle, mais aussi un garant pour le fonctionnement démocratique de nos institutions.

Encore un peu d'histoire :

Mais que sont les pétitions ? Lors d'un débat sur la procédure à leur réserver le 19 janvier 1827, le député Royer-Collard intervint en ces termes : « Une pétition n'est pas un commandement, c'est l'expression d'un vœu, d'une pensée, d'une plainte. Comment pourrait-on concevoir là quelques limites ? De quel droit restreindriez-vous les vœux qui vous sont exprimés dans l'intérêt général ? ... Quoi, nous, sortis des rangs du peuple et qui devons y rentrer, nous dirions : Vous n'avez pas le droit de nous exprimer, même avec respect, les vœux que vous formez sur vos intérêts les plus précieux. Je ne crois pas que ce sentiment puisse pénétrer dans une Chambre qui est essentiellement le pouvoir populaire de la Constitution. »

Et de fait, en feuilletant les anales des débats de la Chambre des députés, nous trouvons des exemples de pétitions tantôt à l'objet purement personnel, tantôt visant à l'évidence l'intérêt général comme celle que nous avons précédemment présentée d'Hubertine Auclert.

> **M. Georges Graux**, *rapporteur.*
>
> Pétition n° 3103. — Le sieur Mauger (Alfred), détenu à la maison centrale de Beaulieu (Calvados), demande que le temps passé par lui en liberté, à la suite de son évasion de cet établissement, lui soit compté sur la durée de sa peine.

Si ce droit est personnel, chacun pouvant adresser une pétition à l'Assemblée nationale, il n'en demeure pas moins que le nombre de signatures recueillies détermine en large part le sort réservé à ces interpellations.

```
L'article 148 du Règlement de l'Assemblée natio-
nale précise ainsi qu'il faut 100 000 signatures
pour que la pétition soit mise en ligne, et qu'au-
delà de 500 000 signataires domiciliés dans trente
départements, le président de la commission compé-
tente ou un président de groupe peut demander à ce
qu'un débat sur le rapport relatif à cette pétition
soit organisé.
```

Chaque pétition est néanmoins censée être examinée par une des huit commissions permanentes auxquelles elle est renvoyée. Nous disons « sensée », car certaines commissions ont décidé de règles purement quantitatives pour exclure des pétitions de toute forme d'examen. Ainsi « Conformément à la décision prise par la commission des Affaires sociales lors de sa réunion du 13 janvier 2021, toute pétition n'ayant pas recueilli plus de dix mille signatures dans un délai de six mois après son dépôt fait l'objet d'un classement d'office. »

Cependant, pour celles des pétitions déposées qui auraient la chance d'être au moins lues par le rapporteur désigné à cet effet dans la commission, si celui-ci se prononce pour un examen de la pétition, celle-ci fait alors l'objet d'un débat auquel peuvent être associés les premiers signataires de la pétition.

Art. 148 — Alinéa 5
« La commission compétente peut décider d'associer à ses débats les premiers signataires de la pétition. »

https://petitions.assemblee-nationale.fr

Un peu d'histoire :

Nous retrouvons là la trace d'une ancienne pratique longtemps retirée de notre procédure parlementaire, qui faisait que les citoyens pouvaient se présenter à l'Assemblée nationale ou à la Chambre des députés pour présenter leurs pétitions à la barre.

C'est ainsi que la Constitution du 24 juin 1793 consacra les séances du dimanche à entendre les pétitions à la barre.

Aujourd'hui, exceptionnellement, des personnes peuvent-être admises à s'exprimer devant l'Assemblée dans le cadre de ses séances, c'est-à-dire devant l'hémicycle.

Art. 14 — Alinéa 2
« Le Bureau détermine les conditions dans lesquelles des personnalités peuvent être admises

à s'adresser à l'Assemblée dans le cadre de ses séances. »

Les « citoyens-législateurs »

Nous approchons à présent du terme de notre balade dans le Règlement de l'Assemblée nationale et dans l'organisation du travail des députés. Ce parcours n'avait pas pour objectif d'être exhaustif. Il y a bien des recoins de ce règlement comme des antichambres de la Chambre des députés que nous n'avons pas inspectés. Mais ce parcours nous permet de nous repérer honnêtement dans cette institution et son fonctionnement.

À mesure que nous avancions, nous avons pu repérer les portes, fenêtres et interstices par lesquels la voix des citoyens peut trouver à se faire utilement entendre pendant la durée d'une législature, d'une élection législative à une autre.

Avant de compiler et de proposer un ordonnancement de l'ensemble des notes pour un Règlement citoyen de l'Assemblée nationale extraites de ce parcours, restons un instant sur l'esprit nouveau de la relation entre citoyens et députés qui s'esquisse.

Si nous cherchons à dépasser la simple et frustrante « délégation » de notre pouvoir de législateur, tout en respectant le mandat des parlementaires, nous devons aussi, dans cet exercice, ne pas en rester à une relation de face-à-face, faite de revendications des uns et de reddition des comptes des autres.

C'est une forme d'alliance que nous pourrions aspirer à tisser avec les députés. Dans un travail qui nous oblige à nous confronter aux contraintes spécifiques de la procédure qui s'impose aux parlementaires. Un travail qui prend du temps, qui demande de la persévérance. Les citoyens peuvent alors devenir des compagnons de route de leurs représentants, des «citoyens législateurs».

Et quant au contenu de cette relation nouvelle, il ne peut être fait de «bavardage». La loi ne se fait pas avec des opinions. L'évaluation d'une politique publique n'est pas une somme d'avis, le contrôle de l'action du Gouvernement un simple jugement. Ce sont donc bien des expériences, des analyses précises, des expertises issues de situations vécues ou de pratiques, qui seront au cœur de cette fonction pouvant, à certains égards, faire de chacun un lanceur d'alerte à l'attention du Parlement.

Ainsi, chacun d'entre nous est en mesure d'intervenir à propos, d'apporter des expériences et expertises, à quelques députés identifiés comme particulièrement investis sur un sujet et qui composeront alors notre «commission spéciale».

En nous repérant dans l'agenda législatif, en identifiant les textes et travaux pouvant être les bons «véhicules législatifs» à même de recevoir nos «initiatives», nous élaborerons notre propre «feuille verte», l'agenda de nos travaux et interventions à réaliser en amont.

À force d'interventions, de sensibilisations, de propositions, chacun peut obtenir de précieux «précédents», via des contributions à un rapport de commission ou à un procès-verbal de discussion générale d'un projet de loi.

À des députés dont nous aurions repéré des amendements très proches de nos attentes, nous pourrons proposer nos «sous-amendements», qui se proposeraient d'ajuster le leur.

Avec ces députés, nous pourrons essayer de proposer nos «amendements d'appel», dont nous savons qu'ils n'auront que peu de chance d'être adoptés, mais dont l'examen sera l'occasion de mettre une problématique en discussion, d'avoir l'expression du ministre sur ce sujet, et ainsi de prendre date pour l'avenir.

Et plus encore, en nous donnant les moyens et le temps de construire ce compagnonnage avec un ensemble de députés, si l'occasion se présente, nous pouvons voir les députés de «notre commission spéciale» faire usage de leur plein droit d'initiative parlementaire pour mettre à l'ordre du jour du Parlement des travaux qui seraient la traduction de nos interpellations sous la forme du dépôt d'une proposition de loi.

Cette relation ne peut se construire que dans le temps. C'est pourquoi les travaux de contrôle et d'évaluation, pour lesquels les députés disposent de cadres d'organisation permettant des investigations de plusieurs mois, sont aussi des moments propices à cette alliance avec les citoyens.

Si nous voulons une démocratie continue, dans laquelle chacun peut être citoyen chaque jour, et non lors de rares dimanches de vote, alors c'est de manière continue que nous devons exercer cette citoyenneté nouvelle.

Si la délégation pure et simple de notre droit à prendre part activement à l'élaboration de la loi, au contrôle de l'action du Gouvernement et à l'évaluation des politiques publiques n'est plus satisfaisante, alors saisissons-nous du Règlement citoyen de l'Assemblée nationale !

Le Règlement citoyen de l'Assemblée nationale

En parcourant le Règlement de l'Assemblée nationale, en illustrant son utilisation par les députés, nous avons essayé de faire apparaître les voies et moyens pour les citoyens d'exercer en continu, entre deux élections législatives, leur droit à participer à l'élaboration de la loi, ainsi qu'aux autres missions constitutionnelles du Parlement.

Les règles organisant le concours citoyen à l'élaboration de la loi se déduisent des contraintes et pratiques qui organisent les travaux parlementaires. C'est en écho à la déontologie, à l'organisation en commissions, dans la division du travail, selon les formes de l'initiative parlementaire et dans ses critères de recevabilité, que peuvent se dessiner les formes de la participation citoyenne aux travaux parlementaires. À quoi on peut ajouter la prise en compte des conditions matérielles du travail des députés que l'on aspire à interpeler.

Tout comme pour les articles du Règlement de l'Assemblée nationale, il n'y aurait pas une unique manière de mettre en ordre les articles d'un Règlement citoyen de l'Assemblée nationale, sur la base de l'ensemble des éléments que nous avons relevés.

Cependant, afin de récapituler ce travail et d'en fournir une présentation pouvant faciliter son utilisation, nous allons nous risquer à une proposition de rédaction.

Avant de nous engager dans cette mise en forme, qui se déclinera sous la forme de chapitres, sections et articles, il me faut ici insister sur un point. Arrivé comme conseiller parlementaire à l'Assemblée nationale en 2009, je ne connaissais pas cette institution, je n'avais pas de formation initiale en droit ou sciences politiques. Mon début de vie professionnelle m'avait conduit sur des terrains forts différents, de l'enseignement à la coopération internationale, en passant par le développement de dispositifs de mise en relation d'étudiants et de professionnels dans le cadre de parcours d'insertion. Ce dont je peux témoigner, c'est que cette institution et ses règles sont compréhensibles par tous. Il faut y passer un peu de temps, ne pas avoir peur d'essayer, de se tromper parfois.

Mais sachez que vous croiserez ici, comme partout ailleurs, beaucoup plus de personnes bienveillantes que de personnes malveillantes.

Beaucoup de personnes qui ont elles-mêmes à cœur de faire vivre cette institution au centre de notre démocratie, qui savent apprécier leur chance de pouvoir œuvrer chaque jour à renforcer cette Maison du peuple.

Vous ne serez pas seuls dans vos démarches une fois un contact bien établi.

Encore une fois, c'est un compagnonnage, une alliance, qu'il faut construire.

Alors, de ces articles un peu abscons de notre Règlement citoyen de l'Assemblée nationale, faites un usage éclairé, essayez, comme les députés et leurs équipes essaient de faire un usage le plus libre possible du Règlement de l'Assemblée nationale pour porter leurs combats !

CHAPITRE Ier — La déontologie des citoyens législateurs

S'adressant à des députés, les citoyens sont tenus de prendre strictement en considération la nature de ce mandat. S'adapter à son interlocuteur étant une règle de base de toute communication, on ne voit pas en quoi il en irait ici autrement. Les institutions sont des organisations comme les autres : elles ont leurs règles, confèrent des rôles et des missions à chacun de leurs membres.

Article 01 — Déontologie

En écho aux règles déontologiques qui contribuent à définir et encadrer le mandat de député, les citoyens voulant exercer leur droit de participation à l'élaboration de la loi ne peuvent le faire en cherchant à contraindre ou obliger d'une quelconque manière que ce soit un député. Toute intervention citoyenne à l'endroit d'un député ne peut être entendue que dans le strict respect de la liberté d'exercice de son mandat par celui-ci, qui en est une des règles, si ce n'est la règle, constitutive.

Article 02 — La véracité du témoin
Les citoyens souhaitant faire connaître des informations au rapporteur d'une commission d'enquête le feront avec la précision et la prudence dues au regard des exigences de véracité des propos attendues par une telle instance. Quand on témoigne dans une commission d'enquête, on se garde de tout faux témoignage.

Article 03 — Ma vie n'est pas une étude d'impact
De la même manière qu'il n'y a pas de diplômes de député, il n'y a pas de diplômes à avoir pour entreprendre de contribuer aux travaux législatifs. Cependant, l'avis personnel n'a pas grand intérêt, ni celui des parlementaires ni celui des citoyens, si ceux-ci ne se donnent pas les moyens de travailler, d'enrichir, de confronter cet avis. Les missions d'information et autres travaux parlementaires visant à faire émerger une expertise, à mobiliser les ressources de connaissances et d'expériences dans la société sur un sujet particulier, donnant lieu à des auditions et rapports publics, sont des outils précieux pour y confronter ses analyses, expériences et avis, avant même d'adresser une interpellation aux députés ciblés. Non pas pour renoncer à son intervention, mais pour la préciser, l'enrichir, et parfois même pouvoir faire référence à de précédents travaux parlementaires pouvant l'appuyer et la crédibiliser.

CHAPITRE II — La commission spéciale des citoyens législateurs

Afin de se donner les moyens d'intervenir sur leurs sujets de prédilection, les citoyens doivent en quelque sorte se composer leur propre commission spéciale, à l'image de ces mêmes commissions qui peuvent se former ponctuellement dans les travaux parlementaires. Cela va supposer d'identifier les députés travaillant sur ces sujets, mais aussi les collaborateurs de députés et conseillers de groupes parlementaires.

Article 04 — La division du travail parlementaire
De même que les députés vont se répartir le travail législatif et se spécialiser, les citoyens auront grand bénéfice à se spécialiser, au plus près de leurs sujets de préoccupation et d'intérêt et à prioriser leurs interventions à l'attention plus particulière d'une commission. À en suivre l'ordre du jour et certains travaux, ce qui permet aussi de découvrir les députés qui y siègent et d'identifier celles et ceux qui traitent de leurs sujets d'intérêt et de leur sensibilité.

Article 05 — Identifier les députés par leurs travaux
Les citoyens se donneront les moyens de chercher les informations utiles dont ils ont besoin et qui sont à disposition afin de se repérer dans les travaux à venir, en cours et passés des députés, pour anticiper les sujets et identifier les bons interlocuteurs en fonction de leurs interventions et votes.

Article 06 — Composer une commission spéciale
C'est donc à une sorte de composition de leur propre «commission spéciale» que les citoyens, à force d'observations des travaux parlementaires, de recherche sur les travaux menés par les députés, vont pouvoir procéder.

1re section — Ses membres et ses domaines de compétences
Afin de composer leur commission spéciale, les citoyens vont repérer dans les instances et travaux parlementaires, ceux qui

recoupent leurs sujets de préoccupation. En premier lieu, ils identifieront la ou les commissions permanentes qui traitent de ceux-ci et par là même, ils identifieront les députés plus particulièrement investis sur ces problématiques.

Article 07 — Le député de ma circonscription, une première entrée de l'Assemblée

Du fait de la division du travail entre députés, aucun n'est investi sur l'ensemble des travaux en cours. Cependant, chaque député et son équipe sont en mesure de se repérer dans ces travaux. Ainsi, les citoyens peuvent prendre attaches de manière privilégiée avec le député de leur circonscription afin que celui-ci accompagne l'ensemble de leurs démarches, tant pour identifier les travaux législatifs autant que les députés particulièrement investis sur les sujets visés.

Article 08 — Ma sous-commission

Identifier la commission permanente dont relève un sujet est une étape nécessaire, mais non suffisante, ayant vu que la limitation du nombre de commissions oblige celles-ci à couvrir des domaines très larges et divers. De ce fait, au sein même d'une commission, les députés ne sont pas tous également investis sur l'ensemble de ses champs de compétences. Les citoyens prennent le temps de repérer et d'effectuer une veille sur les champs d'intervention des députés de la ou des commissions qui traitent leurs sujets d'intervention. Cette «sous-commission» qu'il convient de se construire pourra utilement associer des députés membres de délégations parlementaires ou autres groupes d'études en lien avec le champ de travail de ce projet de participation citoyenne.

Article 09 — Identifier les députés par leur parole publique

Afin d'affiner leurs démarches d'identification des députés pouvant constituer «leur commission», les citoyens veilleront également aux expressions publiques dans la presse et sur tous types de médias de la part des députés. Des députés s'étant exprimés publiquement sur une problématique devraient se montrer réceptifs à des informations et expertises proposées à ce sujet.

Article 10 — Une cible de choix, le rapporteur

Le rapporteur d'un projet ou d'une proposition de loi est l'interlocuteur privilégié pour faire entendre les analyses et propositions citoyennes. Il est au cœur du travail sur le texte et dispose du soutien logistique et humain des services de la commission au nom de laquelle il exerce sa fonction. Il est le plus à même de faire aboutir une proposition d'amendement qu'il reprendrait à son compte.

Article 11 — Donner son avis à la commission pour avis

Les citoyens veillent à repérer la ou les commissions qui pourraient se saisir pour avis d'un projet ou d'une proposition de loi. Si celle-ci s'est saisie de parties du texte en rapport avec leurs sujets d'intervention, les «citoyens législateurs» peuvent mener à son intention les mêmes démarches d'intervention que vis-à-vis de la commission saisie au fond.

Article 12 — Une commission spéciale pas si spéciale

Les citoyens retrouveront dans une commission spéciale qui serait constituée pour l'examen d'un projet de loi, ou très exceptionnellement pour l'examen d'une proposition de loi, un rapporteur, des responsables des groupes parlementaires, mais pas de rapporteur d'application.

Article 13 — Par ici l'argent !

Les citoyens souhaitant intervenir sur les matières fiscales ou sur les dépenses de l'État, ainsi que sur les questions relatives au financement de la Sécurité sociale, veilleront à s'inscrire strictement et le plus précocement possible dans le calendrier spécifique de l'« automne budgétaire », période d'examen du projet de loi de finances et du projet de loi de financement de la Sécurité sociale. Les rapporteurs spéciaux des missions budgétaires et co-présidents de la MEC et de la MECS seront également des interlocuteurs particulièrement privilégiés.

Article 14 — Bien chercher parmi les délégations et groupes d'études

Les citoyens qui souhaitent intervenir sur un des sujets couverts par une des délégations parlementaires ou un groupe d'études y trouveront les députés plus particulièrement investis sur ces problématiques. Ces instances apportent en plus de leur spécialisation une caractéristique particulièrement rare dans le travail parlementaire, à savoir leur permanence.

Article 15 — L'environnement c'est ici

Les citoyens mobilisés sur les questions environnementales porteront une attention particulière aux travaux de la commission du Développement durable et de l'Aménagement du territoire, aux travaux de l'OPECS, aux études d'impact des projets de loi divers qui peuvent avoir des conséquences environnementales.

Article 16 — Sciences et technique

Les citoyens mobilisés sur un sujet à forte implication scientifique ou technique suivront tout particulièrement l'agenda des travaux de l'OPECST et pourront interpeler les membres de celui-ci pour soulever une problématique qui apparaîtrait non traitée.

Article 17 — L'Europe
Les citoyens intéressés par des sujets en rapport avec les compétences de l'Union européenne veilleront plus particulièrement aux travaux de la commission des Affaires européennes, aux débats dédiés aux sujets européens dans le cadre des semaines de contrôle, au chapitre consacré au droit européen dans les études d'impact des projets de loi touchant aux sujets qui les mobilisent, ainsi qu'aux propositions de résolutions européennes.

Article 18 — International
Les citoyens intéressés par des sujets en lien avec un ou certains pays, vérifieront l'existence d'un groupe d'amitié parlementaire liant l'Assemblée nationale et le Parlement de ce ou ces pays.

Article 19 — Avant la séance
En prévision de la séance, les citoyens peuvent élargir leurs démarches aux députés non-membres de la commission saisie au fond dont ils auraient pu repérer un intérêt manifeste sur les sujets ciblés, dans le cadre d'autres travaux parlementaires.

2re section — Son administration
Les députés ne sont pas les seuls interlocuteurs des citoyens. Au quotidien, ce sont même le plus souvent leurs collaborateurs, ainsi que les conseillers des groupes parlementaires, qui accompagnent les travaux des députés, qui pourront recevoir et orienter les interpellations citoyennes.

Article 20 — Il n'y a pas que des députés à l'Assemblée nationale
Les citoyens peuvent identifier et nouer un contact de manière privilégiée avec les collaborateurs de députés et conseillers des groupes parlementaires eux-mêmes investis sur les sujets visés.

3ᵉ section — Sa session et ses feuilles vertes

Les travaux parlementaires s'organisent selon des agendas très précis. Dans une législature de cinq ans, les sessions ordinaires s'organisent en semaines thématiques. Les propositions et projets de loi sont examinés selon des procédures spécifiques aux rythmes déterminés. Le droit d'amendement s'exerce dans des délais impartis. Les travaux de contrôle d'application et d'évaluation sont prévus à des périodes liées aux dates d'adoption des lois concernées. Les travaux des missions d'information et commissions d'enquête sont encadrés par des délais. Le planning des évaluations des politiques publiques par le Comité d'évaluation et de contrôle est défini annuellement. Les citoyens ne peuvent, tout comme les députés, envisager d'intervention utile qu'en s'insérant dans les périodes ouvertes aux travaux ciblés.

Article 21 — Anticiper!
Le temps étant une denrée très rare dans le travail législatif, il est essentiel d'anticiper un maximum et donc de voir venir le plus longtemps à l'avance les sujets sur lesquels les citoyennes et citoyens souhaiteraient pouvoir intervenir.

Article 22 — Le mardi midi, c'est feuille verte, et deux fois l'an le menu
Comme tout député, les citoyens examinent avec attention chaque mardi midi la nouvelle feuille verte et parcourent

régulièrement l'agenda des travaux. Deux fois l'an, ils lisent la note d'intention du Gouvernement quant à son programme législatif.

Article 23 — Trouver les niches dans l'agenda de la session ordinaire annuelle

S'agissant des propositions de loi, les citoyens se reporteront à l'agenda annuel de la session ordinaire où figurent les journées d'initiatives des groupes. Cela leur permettra d'anticiper l'examen éventuel de propositions de loi dont ils sauraient que certains députés qui travaillent particulièrement sur ces sujets d'intérêt seraient susceptibles de les déposer.

Article 24 — Un contrôle, cela se prépare

Les citoyens peuvent utiliser les semaines de contrôle en repérant à l'ordre du jour le ou les sujets qui les intéressent. Sur cette base, ils analyseront les rapports parlementaires servant de base aux séances visées, et plus particulièrement leurs recommandations. Les membres des missions et commissions ayant produit ces rapports seront des interlocuteurs privilégiés pour adresser des informations ou questions à poser au Gouvernement dans le cadre du débat.

4ᵉ section — Ses dossiers législatifs

À l'image du dossier législatif qui accompagne depuis son dépôt jusqu'à son adoption ou rejet définitif chaque projet ou proposition de loi, en y suivant toutes les étapes de son examen, le recensement des amendements et de leur délibération, les comptes-rendus des débats, les citoyens utiliseront tous les outils de suivi des travaux parlementaires qui les intéressent et reconstitueront si nécessaire leur propre dossier législatif de leurs propositions et interpellations.

Article 25 — Suivre un projet ou une proposition de loi avec son dossier législatif

Afin de suivre et, ou retrouver toute étape de la procédure de délibération, documents initiaux, comptes-rendus des délibérations en commission comme en séance, versions intermédiaires du texte telles qu'adoptées après chaque examen en commission ou en séance, ensemble des amendements déposés avec le résultat de leur délibération, on se reportera du dossier législatif d'un texte.

Article 26 — À la source des propositions de loi

Les citoyens veillent sur les propositions de loi déposées. Si celles-ci ne figurent pas encore à l'ordre du jour d'une séance sur la feuille verte, cela laisse d'autant plus de temps pour proposer des perspectives d'ajustement à son auteur, mais sans assurance de leur examen. À l'inverse, dès que la proposition de loi est inscrite en séance, cela signifie que l'Assemblée va effectivement en délibérer, mais que les délais sont alors très courts pour y proposer des amendements.

Article 27 — Le détecteur du passage en commission

L'examen en commission d'un projet ou d'une proposition de loi est l'occasion de repérer les amendements déposés et leurs signataires, ainsi que les députés qui pourraient être réceptifs à des propositions. Sur cette base, les citoyens leur adressent leurs propositions en prévision de l'examen du texte en séance publique en s'appuyant autant que faire se peut sur les propos tenus lors de l'examen en commission.

Article 28 — Sous-amender les amendements des députés

En écho à la procédure de sous-amendement, les citoyens ayant identifié des amendements proches de leurs attentes dans les débats de commission, peuvent proposer des modifications de ceux-ci, de les sous-amender en quelque sorte, à leurs auteurs, en prévision de leur dépôt pour l'examen du texte en séance publique.

Article 29 — Après six mois, contrôle d'application d'une loi

Six mois après la promulgation d'une loi, les citoyens ayant constaté une non-application ou mauvaise application de dispositions législatives auxquelles ils seraient confrontés, pourront utilement faire connaître ces éléments d'information au rapporteur et au rapporteur d'application de la loi visée, en prévision de la rédaction de leur rapport d'application.

Article 30 — Après trois ans, évaluation d'une loi

Trois ans après l'adoption d'une loi, les citoyens aux prises avec les conséquences de son application, qui peuvent témoigner et contribuer à documenter ses effets positifs ou négatifs, pour, par leur expérience, proposer des ajustements utiles au cadre légal, seront des contributeurs utiles au travail d'évaluation législative effectué par la commission permanente qui avait examiné le projet de loi.

Article 31 — Ne pas rater la première lecture

Les modifications apportées à un projet de loi ou à une proposition de loi en commission intégrant le texte qui arrive en séance, il faut un amendement de suppression pour contredire les travaux de la commission en séance pour les en retirer. Les citoyens, comme les députés, essaieront donc de faire adopter leurs amendements dès l'examen en commission.

Article 32 — Une deuxième chance dans la deuxième chambre
Les citoyens pourront redoubler l'ensemble de leurs démarches en s'adressant aux sénateurs.

Chapitre III — L'initiative citoyenne

De même que l'initiative parlementaire consiste à pouvoir initier des travaux, mettre à l'ordre du jour de l'Assemblée nationale un sujet inscrit dans aucun travail en cours, via une proposition de loi, la mise en place de travaux d'information, d'évaluation ou de contrôle, et peut se décliner dans la capacité à intégrer un sujet dans des travaux en cours via le droit d'amendement, l'initiative citoyenne trouvera également à se décliner selon ces modalités.

1re section — Ses procédures

Selon les sujets, selon le «véhicule législatif» visé (qu'il s'agisse d'un projet ou d'une proposition de loi, d'un travail d'information ou de contrôle, *etc.*), les citoyens pourront s'inscrire dans des procédures différentes et adapter leurs interpellations. Seront utilement visés certains travaux dont la forme correspondra plus particulièrement à leur projet d'intervention. Apporter une information, soulever un sujet mal identifié, proposer une modification législative sont des interventions possibles, mais qui correspondent à des travaux parlementaires différents.

Article 33 — Obtenir des «précédents»
Les citoyens doivent s'approprier les outils et contraintes de travail législatif et reprendre à leur compte les stratégies déployées par les députés eux-mêmes. Afin de faire progresser sa «cause», il peut être de bonne stratégie de commencer par obtenir de premiers «précédents» dont il sera possible de se revendiquer

par la suite, comme autant d'«amendements d'appel» comme en usent les parlementaires.

Article 34 — Les citoyens sont attendus sur l'étude d'impact
Avec les contributions sur l'étude d'impact, les citoyens ont une procédure officielle d'intervention à un moment clé de l'examen d'un projet de loi et sur un de ses documents essentiels. Il sera très utile de se saisir de cette procédure. De plus, une telle contribution doit permettre des prises de contact ciblées pour faire entendre remarques, analyses, expériences et propositions d'amendements sur le projet de loi concerné à l'attention de l'ensemble des députés impliqués dans l'examen de ce texte.

Article 35 — Service après-vente d'une contribution à l'étude d'impact
Les citoyens adressent copie de leur contribution sur l'étude d'impact au «rapporteur d'application», dont la nomination est identifiable dans les comptes-rendus de la commission saisie au fond du projet de loi concerné.

Article 36 — Contribuer au rapport de commission
Les citoyens pourront proposer au responsable d'un groupe des éléments précis visant à nourrir la contribution de son groupe au rapport de commission.

Article 37 — Contribuer à la discussion générale en séance publique
Sans effet sur la loi, mais permettant de faire valoir une analyse, un point de vue, les citoyens peuvent proposer à des députés des éléments pour une contribution écrite annexée au procès-verbal de la discussion générale sur un projet ou une proposition de loi.

Article 38 — À force de temps, faire éclore l'initiative législative citoyenne

En intervenant à propos vis-à-vis de l'ensemble des députés de leur « commission spéciale », en renouvelant ces interventions avec des informations nouvelles, les citoyens peuvent directement contribuer à faire émerger un sujet orphelin, ou des propositions nouvelles et donner ainsi corps à un réel « droit d'initiative législative citoyenne », en accompagnant la préparation d'une proposition de loi.

Article 39 — Alerter sur la défaillance d'une politique publique

Face à un constat de défaillance d'une politique publique, les citoyens essayeront de suggérer un travail d'évaluation de celle-ci, ou livreront des témoignages, informations et analyses à une évaluation en cours au sein du comité d'évaluation et de contrôle des politiques publiques. Ici aussi, prendre le temps de repérer les sujets de travail spécifiques des députés membres du CEC avant de les interpeler renforcera l'efficacité d'une interpellation.

Article 40 — Contribuer à, ou initier une évaluation législative

L'évaluation législative est prévue, mais n'est pas systématique. La remontée vers les députés de problématiques liées à la mise en œuvre d'une loi peut inciter à proposer au sein de la commission compétente une procédure d'évaluation. Aussi les citoyens peuvent-ils utilement recenser les lois qui concernent leur domaine d'expertise et qui arrivent dans leur troisième année d'application et vérifier si sur l'une d'entre elles ils seraient en mesure de faire des observations précises quant à d'éventuels effets pervers ou inefficacités.

Article 41 — Contrôler ou évaluer en posant une question

Sur des points précis liés à l'application d'une loi ou à la mise en œuvre d'une politique publique, ou pour signaler une difficulté ou un problème sur la base d'une expérience personnelle, les citoyens pourront utilement suggérer à des députés, ciblés sur la base de considérations géographiques ou du fait de leurs engagements sur le sujet visé, une question au Gouvernement, selon l'une des diverses procédures à leur disposition pour cela.

Article 42 — Inspirer une résolution

Les citoyens peuvent suggérer une proposition de résolution visant à mettre à l'agenda des débats parlementaires un sujet ne pouvant relever de la loi, mais de manière à engager un dialogue avec le Gouvernement et, ou pour conduire la représentation nationale à affirmer une prise de position sur un sujet. Il convient de noter qu'une telle démarche suppose d'avoir un sujet à fort retentissement à proposer.

Article 43 — Écrire au Conseil constitutionnel

Les citoyens pourront saisir l'opportunité de la procédure de la « porte étroite » pour intervenir auprès du Conseil constitutionnel en cas de recours devant celui-ci déposé par des parlementaires ou toute autre autorité habilitée à le faire, afin d'appuyer ou de contester la constitutionnalité d'une disposition figurant dans le texte concerné.

Article 44 — Informer les missions d'information

Les citoyens mobilisés sur un sujet faisant l'objet d'une mission d'information saisiront cette occasion très précieuse en contactant les membres de celle-ci et plus particulièrement sa ou son président et rapporteur.

2ᵉ section — Sa recevabilité

Contrainte essentielle du travail parlementaire, l'enjeu de la recevabilité pèse d'autant plus sur les contributions citoyennes qu'il leur faut non seulement respecter les contraintes pesant sur les députés, mais encore plus anticiper sur leurs délais et leurs travaux. Alors que les députés peuvent sous-amender sans contrainte de délai, mais selon des règles de recevabilité très strictes quant au lien avec l'amendement visé, les interventions citoyennes sont à certains égards comme des sous-amendements sur lesquels pèsent des contraintes de délais de dépôt très strictes, devant à la fois trouver à s'insérer dans les contenus précis des travaux des députés visés, mais aussi en amont du dépôt de ceux-ci.

Article 45 — Pire que les délais des députés

Les contributions citoyennes doivent tenir compte des délais imposés aux députés, anticiper au maximum, identifier les moments opportuns et de disponibilité des députés, afin de maximiser leur impact potentiel.

Article 46 — L'initiative citoyenne doit être recevable

Les citoyens veilleront pour l'effectivité de leurs interventions, à s'assurer de la recevabilité de leurs propositions au regard des critères de recevabilité qui pèsent sur les initiatives parlementaires. Ils peuvent eux-mêmes se faire une première idée quant à la conformité de leur proposition avec l'article 40 de la Constitution. Concernant des contraintes nées des articles 41 et 38, il convient *a minima* d'en avoir connaissance et d'avoir conscience que leur proposition peut être irrecevable à ce titre.

Article 47 — Un amendement précis et en rapport avec le texte... qu'il amende

Les citoyens veilleront, en formulant des propositions d'amendements, à la plus grande précision. Il n'est pas nécessaire de savoir rédiger un amendement et encore moins sa transcription juridique. Il est par contre nécessaire de formuler des propositions se rapportant rigoureusement au texte concerné.

Article 48 — Les atouts de la première lecture

Le fait que d'une part la procédure d'entonnoir réduit progressivement les possibilités d'amendement d'un projet de loi à mesure de ses navettes, que d'autre part la mise en discussion éventuelle de certains points de son étude d'impact fait l'objet d'une procédure réservée à sa première lecture, et qu'enfin les délais entre chaque phase d'examen sont drastiquement diminués après la première lecture, doit inciter les citoyens législateurs à veiller à faire entrer dans les débats leurs propositions dès la première lecture.

Chapitre IV — La société civile des citoyens législateurs

La délibération parlementaire ne se fait pas « en chambre », isolée du monde comme dans une tour d'ivoire. Et comme il va de soi, au sein même du Parlement, une pluralité de représentants qui mettent en débat leurs opinions, avis et propositions. Quel sens y aurait-il alors à ce que l'exercice de la participation citoyenne au travail du Parlement soit un exercice purement et strictement personnel ? En écho aux nombreuses composantes de la « société civile » qui sont, de fait, associées et parties prenantes du travail de représentation et de délibération du Parlement via de nombreuses auditions et autres échanges, les citoyens pourront tout à la fois interagir avec ces organisations, mais aussi très utilement s'impliquer dans cette société civile organisée, trouver à y promouvoir, mettre en débat et enrichir leurs propositions et leur donner ainsi la force du collectif pour revenir au-devant du travail parlementaire.

Article 49 — L'engagement associatif et syndical pour donner de la force et de la voix aux contributions citoyennes

Dans le cadre du fonctionnement de notre démocratie représentative, qui organise la division du travail de délibération et de représentation politique, s'investir dans une association ou un syndicat engagés sur les sujets les intéressant plus particulièrement est probablement l'une des meilleures manières de promouvoir ses idées et convictions en leur permettant de nourrir et contribuer à une délibération collective d'une organisation qui peut-être une interlocutrice reconnue des parlementaires.

Article 50 — Le recensement des personnes et institutions entendues par la commission

Les citoyens prendront connaissance du rapport de la commission, qui fera notamment connaître en annexe l'ensemble des personnes et organisations auditionnées par le rapporteur. Ceci pourra fournir des indications pour des interventions ciblées auprès de certaines d'entre elles, susceptibles de porter des propositions d'amendements.

Article 51 — Ne pas oublier l'assemblée de la société civile

Les citoyens veilleront aux travaux du CESE qui pourront eux-mêmes avoir un impact sur les travaux parlementaires.

Article 52 — La porte très étroite du référendum

Les citoyens retrouvent leur pleine souveraineté en cas d'organisation d'un référendum. Par contre, s'agissant de l'initiative référendaire, elle n'offre que peu de prise, sauf en cas d'enclenchement d'une procédure de référendum d'initiative partagée, pour laquelle il convient que plus de quatre millions d'électeurs apportent un soutien formel à la proposition initiée par un cinquième des parlementaires.

Article 53 — La bonne vieille pétition

Le recours à la procédure de pétition suppose une démarche collective forte pour avoir une chance réelle de trouver un écho dans la procédure parlementaire. Dans de nombreuses circonstances, l'approche ciblée de députés via des remarques sur un projet de loi, ou dans le cadre d'une mission d'information ou d'une autre instance, auront plus de chance de porter effet.

Chapitre V — Les instructions générales pour les «citoyens législateurs»

De même que le Règlement de l'Assemblée nationale est complété par des Instructions générales du Bureau, qui portent notamment sur des points d'organisation, des règles de comportement, notre parcours nous a conduits à identifier des méthodes ou démarches pouvant être plus particulièrement favorables au succès des interventions citoyennes.

Article 54 — L'Assemblé nationale : une grande manufacture pleine de petits artisans

Les citoyens prennent connaissance de la composition des équipes des députés qu'ils identifient et prennent conscience des moyens limités de telles petites équipes et de l'adaptation nécessaire de leurs interventions à cette caractéristique du travail parlementaire.

Article 55 — Pour une citoyenneté continue, exercer sa citoyenneté « tous les jours »

Si la démocratie doit être continue, et non se limiter à l'intermittence des élections, alors la participation citoyenne elle-même doit s'exercer de manière continue. Non seulement sous la forme d'interpellations et de propositions à l'attention des élus, mais aussi sous la forme d'un suivi effectif des travaux parlementaires sur lesquels les citoyens peuvent avoir l'ambition d'intervenir.

Article 56 — Les nécessaires alliances

Les citoyens, comme les députés, ne peuvent peser à eux seuls. Il convient de faire alliance, de repérer des députés pouvant trouver intérêt à reprendre et appuyer ses interventions. Il peut être de bonne stratégie d'indiquer à chaque nouveau contact l'éventuel soutien obtenu auprès d'autres députés.

Article 57 — Chaque jour, remettre l'ouvrage sur le métier

Les citoyens doivent faire preuve de la même persévérance que les députés eux-mêmes s'ils veulent réussir à insérer leurs propositions dans les travaux parlementaires. Cela suppose tout à la fois une veille constante sur les textes et travaux à venir et ceux en cours d'examen, ainsi qu'un sens de l'opportunité et une rapidité d'intervention quand un moment favorable se présente, mais aussi un engagement de long terme en investissant les travaux de contrôle et d'évaluation.

Article 58 — Ne jamais oublier la division du travail parlementaire

Le travail parlementaire relevant, comme toute organisation, de la division du travail, les citoyens se donnent les moyens de cibler les personnes directement en charge des dossiers et sujets visés. S'agissant d'un projet ou d'une proposition de loi, sont ainsi à privilégier le rapporteur et les responsables des groupes, ainsi que les députés repérés comme ayant un intérêt particulier avéré pour les questions ciblées. Le moyen le plus efficace pour ces prises de contact étant d'écrire directement à ces députés via leur adresse mail en personnalisant le message.

Article 59 — De contact en contact, aller au plus près de la décision

Les citoyens qui auraient noué un échange fructueux avec un député extérieur à la commission dont relève leur sujet d'intervention, auront intérêt à solliciter une mise en relation privilégiée avec des députés de cette commission plutôt qu'à ce que ce député dépose seul un amendement sur un texte relevant de cette commission dont il n'est pas membre.

Article 60 — On s'abonne à une commission

Les citoyens suivent les travaux de la commission, au moins sur les articles qui les intéressent plus particulièrement, afin de s'informer des débats, des amendements déposés, défendus, adoptés, de manière à préparer le plus précisément possible leurs contributions en prévision de la séance.

Article 61 — Tous les précédents sont bons à prendre

D'une manière générale, en lien avec la persévérance et un certain art de l'opportunité qui caractérisent le travail parlementaire, les citoyens ont tout intérêt à saisir toutes les occasions de « marquer des points », de faire parler de leurs propositions, de manière à pouvoir se prévaloir de ces « précédents » dans le travail parlementaire pour en solliciter et en obtenir de plus significatifs.

Article 62 — Développer une sociabilité
De la même manière que se développent des relations d'échange et de cordialité entre députés qui prennent l'habitude de travailler ensemble au sein d'une commission, les citoyens peuvent tisser des liens de confiance et d'échange avec plusieurs interlocuteurs, députés, mais aussi leurs collaborateurs. Ceci contribuera à renforcer la qualité des échanges et le suivi des propositions.

Ils peuvent vous accompagner, vous renseigner, vous informer

Pour accompagner les citoyens dans l'exploration des travaux parlementaires et leur prise de contact, nous avons, tout au long de ces pages, proposé des liens donnant accès à des parties dédiées du site Internet de l'Assemblée nationale, dont l'adresse principale est : **www.assemblee-nationale.fr**

Des associations, collectifs citoyens, sociétés développant des outils de participation citoyenne, mettent à disposition des plateformes et outils pouvant accompagner chacune et chacun dans l'exercice de son « droit » à la participation aux travaux législatifs. Nous vous en proposons quelques-uns dans une liste non exhaustive :

www.nosdeputes.fr

Accéder facilement à l'essentiel des données parlementaires, retrouver les interventions des députés, les mots clés permettant d'identifier leurs sujets principaux de travail.

www.democratieouverte.org

Démocratie Ouverte est une association d'intérêt général, indépendante et non partisane qui œuvre à la transformation démocratique de nos institutions et de nos organisations afin de relever les défis structurants du XXIe siècle.

www.noslois.civicpower.vote

Une nouvelle loi se profile ? Accédez en quelques clics à une information fiable directement issue de la data open source du Parlement. L'ensemble des travaux législatifs et leurs résumés officiels non transformés sont présentés par thématiques : choisissez celles que vous souhaitez suivre !

www.projetarcadie.com

Le projet Arcadie est une plateforme de cartographie et de centralisation des informations concernant les députés et les sénateurs français. Le principe de base est de permettre aux personnes qui le souhaitent d'avoir accès à un ensemble d'informations dans un délai raisonnable, de façon neutre et modulaire.

COMMENT FABRIQUER
DE LA REPRÉSENTATION DÉMOCRATIQUE ?

Comment fabrique-t-on de la représentation et de la légitimité démocratique ? C'est un des défis auxquels notre société est confrontée. Elle qui semble se méduser chaque fois que lui est tendue la moindre esquisse de représentation d'elle-même, comme face à la Gorgone Méduse[37]. À l'évidence, la « représentation politique » est contestée, mais il en est de même de la « représentation sociale » au regard de la contestation des syndicats, il en va jusqu'aux statistiques officielles qui sont contestées violemment (pensons à l'inflation ou à l'immigration dans des univers différents, dont les chiffres donnent régulièrement matière à polémiques). Le point extrême de cette défiance a peut-être été illustré par le mouvement massif des gilets jaunes qui, se revendiquant du pouvoir du peuple, s'est avec constance et parfois violence, refusé à toute forme d'autoreprésentation, dans une sorte d'écho lointain à la défiance radicale de nos premières Assemblées révolutionnaires pour la fonction de présidence, qu'elles tentèrent de vider de toute dimension symbolique en la

---

37. Dans la mythologie grecque « il y avait trois Gorgones, appelées Sthéno, Euryalé et Méduse, toutes trois filles de deux divinités marines, Phorcys et Céto. Seule la dernière, Méduse, était mortelle, les deux autres étant immortelles. Généralement, on donne le nom de Gorgone à Méduse, considérée comme la Gorgone par excellence. Ces trois monstres habitaient dans l'extrême Occident, non loin du royaume des morts, du pays des Hespérides, de Géryon, *etc*. Leur tête était entourée de serpents ; elles avaient de grosses défenses pareilles à celles de sangliers, des mains de bronze, et des ailes d'or qui leur permettaient de voler. Leurs yeux étaient étincelants, et leur regard si pénétrant que quiconque le voyait était changé en pierre. » : Pierre GRIMAL, *Dictionnaire de la mythologie grecque et romaine*, PUF, 1951.

réduisant à quelques points strictement techniques et tout aussi strictement encadrés[38].

Dans ces conditions, la possibilité d'élaborer nos normes communes et de conduire des politiques publiques, quelles qu'elles soient, est fragilisée. Les derniers quinquennats auront été de manières très différentes, des quinquennats « empêchés » par une perte rapide de légitimité. Des mandats dont les responsables n'auront eu de cesse de se débattre avec ce sentiment d'empêchement.

Ne pas envisager cette difficulté, ne pas l'anticiper, ne pas se donner les moyens de la surmonter, c'est vouer tout projet politique, aussi riche et puissant soit-il, à l'enlisement et à l'échec par l'évaporation de toute capacité à forger dans la durée une volonté générale. La légitimité de l'élection ne saurait perdurer longtemps sans une vie institutionnelle à même d'assurer comme une (re)création continuée de ce souffle démocratique. L'onction du suffrage universel a perdu son efficacité.

Nos procédures démocratiques, et notamment celles organisant le fonctionnement de nos Assemblées législatives, doivent démontrer qu'« *une Assemblée a voulu se prouver à elle-même, prouver au pays qu'elle allait délibérer et voter régulièrement, sans faire grief à aucun droit, à aucune opinion*[39]. », que son « *but est d'assurer à toutes les opinions, à tous les votes, la liberté la plus complète*[40] ». Est-ce réellement ce que nous en percevons ? Le fonctionnement de nos assemblées, leurs délibérations, donnent-ils à chacune et chacun d'entre nous le sentiment d'être représentés, d'être entendus en

---

38. Règlement de l'Assemblée nationale du 29 juillet 1789, Chapitre I, 2° : « Le président pourra être nommé pour quinze jours. Il ne sera pas continué ; mais il sera éligible de nouveau dans une autre quinzaine. »
39. Eugène Pierre, *De la procédure parlementaire. Étude sur le mécanisme intérieur du pouvoir législatif*, Quantin, 1887.
40. *Idem.*

continu ? De toute évidence, la réponse est clairement non. C'est notamment pour essayer de contribuer modestement à relever ce défi que nous avons proposé ce Règlement citoyen de l'Assemblée nationale. Mais ce que nous entendons dans notre débat public sur ces questions relève plutôt d'une contestation forte des institutions, plutôt que d'une volonté de mieux les utiliser ou de les adapter.

Le diagnostic que semblent faire implicitement, mais aussi souvent explicitement, les titulaires successifs du pouvoir exécutif est celui d'un défaut d'exécution de leurs décisions, de leurs volontés, dont participerait une redoutable lenteur de la procédure parlementaire. Alors on gouverne de plus en plus par ordonnances, la procédure accélérée, dont nous avons vu les effets dans l'analyse du Règlement de l'Assemblée nationale, s'est imposée comme la norme et on envisage des réformes constitutionnelles pour s'économiser encore un peu plus le Parlement. Alors que le débat public se transforme chaque jour un peu plus en une rumeur confuse, que les corps intermédiaires de la démocratie politique et sociale sont affaiblis comme jamais, que même les connaissances scientifiques ne sont plus protégées par un quelconque statut épistémologique comme les innombrables polémiques sur les vaccins ne cessent de le démontrer, la tentation de se passer autant que possible d'une institution qui a été conçue comme « le peuple assemblé », dont la délibération doit forger notre « volonté générale », seule à même de désigner et de porter notre « intérêt général », est à tout le moins un pari bien risqué, même si dans l'air du temps.

Alors, en parallèle à cet empêchement croissant du Parlement, depuis des années, la question d'une démocratie « directe » ou « participative », l'idée d'une représentation « fidèle », « véritable » ou « miroir », nourrit les débats, les propositions, et parfois les expérimentations. Plutôt que de vouloir faire mieux entrer les soubresauts, les difficultés, la complexité, les contradictions, de notre «débat» public dans une institution ayant à charge d'organiser une délibération à même de transformer cette cacophonie en un récit visant à emporter le plus grand nombre, nous semblons procéder à une dévitalisation de notre Parlement dans un système de vases communicants versant dans la société des lieux et temps nouveaux de «concertation», «délibération», «participation», *etc.* pour des résultats au moins discutables, dans un mouvement nous éloignant de l'idéal d'une représentation collective pour nous conduire dans un univers aux milles et unes représentations parcellaires.

Nous prendrons ici pour point de comparaison l'importante et encore récente expérimentation de Convention citoyenne pour le climat[41], que nous regarderons au prisme d'un certain nombre des caractéristiques essentielles des assemblées représentatives telles qu'elles nous sont apparues dans le parcours que nous venons de faire dans le Règlement de l'Assemblée nationale.

La première question à laquelle cette expérience nous confronte est celle de son autonomie, c'est-dire sa capacité à se fixer à ellemême ses propres règles de fonctionnement, d'organisation. La différence entre le statut du «Règlement» de la Chambre des députés ou de l'Assemblée nationale, qui relève de leur pleine souveraineté, dont nous avons vu qu'elle peut le modifier par la voie d'une résolution, de leur faculté à s'auto-organiser, et la manière dont la Convention citoyenne pour le climat a été voulue, conçue, organisée, supervisée, par d'autres personnes que ses membres, est de prime abord assez choquante pour une «convention» devant

---

41. Pour ce faire, nous nous appuierons sur l'analyse qu'en a proposé un de ses membres éminent en la personne de Thierry PECH dans son livre *Le Parlement des citoyens*, La République des idées, Seuil, 2021.

intégrer de manière privilégiée le processus législatif. Car nous nous souvenons qu'au moins dans son annonce, celle-ci devait voir ses propositions reprises « sans filtre ».

Et si nous comprenons les arguments quant aux contraintes de temps, en ce sens qu'élaborer un règlement, le discuter, l'adopter, avec des personnes intégrant pour la première fois un tel dispositif serait une lourde contrainte, nous aurions à tout le moins pu envisager que les membres de la convention puissent à leur initiative faire évoluer en cours de processus certaines règles établies par d'autres. Quant à la perspective de l'institutionnalisation de telles conventions, ne devrait-elle pas intégrer la nécessité d'une construction progressive de règles discutées et validées par leurs membres, et non hétéronomes à ces corps politiques ? En prévoyant, par exemple, qu'après un certain nombre d'expérimentations, sera proposé aux citoyens y ayant été impliqués, de prendre part à une procédure d'institutionnalisation et de « codification », en prévoyant la possibilité pour de prochaines conventions de faire évoluer leur choix de règlement ?

Une autre façon de décrire cette tension pourrait se formuler ainsi : les citoyens devant s'inscrire dans le processus normatif, devant composer un corps politique délibérant, dont les discussions et votes vont directement contribuer à l'élaboration de nos lois communes, n'ont pas tant eu une administration à leur service (en échos à la fonction publique parlementaire), mais ont été eux-mêmes mis à la disposition d'une administration, ont été placés sous l'œil de garants, placés sous l'encadrement d'un comité de gouvernance, dont certains observateurs[42] ont souligné qu'il

---

42. Bernard REBER, « Précautions et innovations démocratiques, Avant-dernière version », in *Archives de philosophie du droit*, Tome 62, Paris, Dalloz, 2020, pp. 399-426.

avait par exemple eu des avis tranchés sur ce qui devait ou non être soumis au vote des citoyens, comme les propositions de transcription juridiques de leurs propositions, ou qu'il pesait sur la forme des délibérations.

Les descriptions faites de moments de discussions, voire de tensions et désaccords, entre le comité et les conventionnels, si elles attestent du fait que les citoyens n'ont pas été passifs, montrent également, à l'évidence, l'encadrement fort et permanent dont ils ont été l'objet.

Comme cela ressort de notre parcours dans le Règlement de l'Assemblée nationale, le choix de l'organisation de ses délibérations, le choix des modalités de votes, sont des éléments essentiels du fonctionnement d'une assemblée législative qu'il appartient à ses membres de définir. Mais nous pouvons en dire tout autant de syndicats, d'associations ou de partis politiques, dont les membres doivent être libres d'écrire ou de réécrire les statuts. Et c'est en cela qu'un collectif se constitue comme «corps», et en l'occurrence comme corps politique. Les descriptions faites de la manière dont la vie du groupe a eu pour effet de le constituer comme collectif pourraient se retrouver de la même manière dans le processus de socialisation interne à nos Assemblées dont nous avons vu par exemple les relations qu'il pouvait contribuer à développer entre députés aux sensibilités politiques différentes, mais travaillant chaque semaine au sein d'une même commission. Mais cette socialisation ne saurait, à elle seule, en faire un corps politique, ce que réalise par contre la discussion et l'élaboration de ses règles.

La deuxième interrogation, toujours par effet miroir avec le fonctionnement de nos assemblées délibérantes, est celle de la division d'une telle convention. La question de savoir si une assemblée doit se diviser est un sujet historiquement et fonctionnellement très sensible. Notre Assemblée nationale n'a pas toujours connu la même organisation que celle que nous avons décrite dans ce livre. D'une répartition aléatoire et tournante tous les mois par bureaux, ceux-ci envoyant un ou plusieurs membres composer des commissions spéciales à mesure de l'examen de textes[43], à nos commissions permanentes (qui firent leur réelle entrée à la chambre des députés à la suite de la séance du 17 novembre 1902) composées de manière à refléter plus fidèlement le spectre des sensibilités politiques, sans oublier l'évolution du nombre de ses commissions, son organisation a beaucoup changé. Dans la Convention citoyenne pour le climat, les membres ont été aléatoirement répartis en groupes de travail. C'est une organisation possible, mais d'une part ce ne sont pas les citoyens qui ont fait ce choix et d'autre part il peut être rappelé que parmi les arguments d'expérience qui ont conduit la Chambre des députés à renoncer à fonder son organisation sur une division

---

43. « En France, la division des Assemblées en bureaux pour l'examen préalable des affaires est plus ancienne que la Révolution ; on trouve cette règle déjà établie dans les États-Généraux et les Assemblées de notables tenues sous la monarchie. Dès le 7 juin 1789, l'Assemblée du Tiers-État, qui n'avait pas encore pris le titre d'Assemblée nationale, arrêtait qu'il serait formé des bureaux où "tous les objets intéressants seraient discutés avant d'être soumis à la délibération". (...) Les bureaux n'ont pas toujours été tirés au sort, comme aujourd'hui. Sous la première Constituante, ils étaient formés d'après la liste alphabétique, au moyen d'une procédure assez compliquée. L'article 57 du règlement de la Chambre des députés de la Restauration introduisit le tirage au sort qui fut pratiqué jusqu'en 1848. Le décret du Gouvernement provisoire du 1er mai 1848 décida que les bureaux de la seconde Constituante seraient composés d'après la liste alphabétique des départements. L'article 17 du règlement de la Constituante rétablit le tirage au sort, qui n'a pas été abandonné depuis. » : Eugène PIERRE, *Traité de droit politique électoral et parlementaire*, Éd. 1893, pp. 747 et 750.

aléatoire figurait en bonne place le constat de la mauvaise répartition des compétences occasionnée par cette procédure[44].

Par ailleurs, toujours sur cette question de la division de ces assemblées, si notre démocratie électorale représentative, fondée sur la fiction d'une représentation de toute la Nation par chaque député, permet de diviser celle-ci sans perdre l'essence de cette représentativité, une convention citoyenne fondée sur la fiction d'une représentation sociologique de la société, devant « penser, sentir, raisonner et agir comme le peuple » pour reprendre la citation de John Adams, peut-elle se diviser sans perdre sa qualité représentative ?

Dans nos institutions, en quelque sorte, une partie de l'Assemblée nationale sera considérée comme aussi représentative que le tout, pour autant que s'y retrouvent à proportion les groupes politiques. C'est de fait ce que nous avons vu dans le mode de constitution des commissions permanentes, des commissions spéciales, mais aussi des missions d'information ou commission d'enquête et nombre d'autres instances de l'Assemblée nationale. C'est ce qui rend possible, concevable la procédure de « législation en commission », qui délègue à une commission l'élaboration et le vote d'un texte dont l'Assemblée nationale dans son ensemble, réunie dans l'hémicycle, n'aura pas la possibilité de délibérer. Mais

---

44. « On a dit que le sort qui préside au tirage des bureaux est comme tous les hasards, absolument aveugle et que, dans certains bureaux, on trouve un nombre de compétences trop considérable pour que toutes puissent arriver au grade de commissaire alors que, dans d'autres bureaux, au contraire, il y a pénurie de ces compétences et que, sans discussion, on élit un peu au hasard des commissaires pour ces grandes commissions. » : extrait de l'intervention du député LAURAINE lors de la séance de la Chambre des députés du 17 novembre 1902 et de la discussion des projets de résolution tendant à la nomination de grandes commissions.

nous avons vu qu'il fut même une époque, avant que n'existent ces groupes, où une division même aléatoire préservait l'essence de cette représentation. Peut-il en être de même pour une assemblée miroir qui doit figurer la société ? Comment ne pas considérer que sa division induit nécessairement une défiguration ? Puisque chaque conventionnel ne représente pas la Nation, mais lui-même avec ses particularités sociales, personnelles, géographiques (âge, genre, études, emploi, lieu d'habitation, *etc.*) ? Dans une telle assemblée, c'est l'ensemble qui fait «représentation». Prenez une fraction de ces membres et des âges ne seront plus représentés, des catégories socio-professionnelles, des zones géographiques, *etc.* En réalité, diviser une telle assemblée, c'est réduire à néant le principe même de la représentativité qu'elle prétend réaliser.

Le même raisonnement pourrait s'appliquer à la question de l'impact de la présence et de la participation effective de l'ensemble des membres de l'assemblée pour la préservation de sa représentativité. Là où notre Assemblée nationale préserve sa représentativité même lorsqu'elle n'est pas en nombre, c'est-à-dire même lorsque tous ses membres ne sont pas présents, comment concevoir qu'il en soit de même dans le cadre d'une représentation sociologique ? Et sans aller jusqu'à cette extrême opposition entre présence et absence, le sujet des différences de participation des différents membres, de la plus ou moins grande aisance dans les prises de parole, croise lui aussi cette question de la préservation du principe même d'une représentativité sociologique.

Quand bien même des ajustements de procédures ont été mis en place par les animateurs pour essayer de verser dans des temps collectifs des travaux séparés, ainsi que pour égaliser la participation de tous les conventionnels, le poids des groupes de travail au moment du vote final, puis de l'évaluation du projet du

Gouvernement, montre bien que cette division du travail fut réelle et profonde. Ce qui ne saurait nous surprendre au regard de ce que nous observons dans les travaux de l'Assemblée nationale, où les députés membres de la commission saisie au fond d'un texte pèsent fortement, influencent de toute leur compétence, dans les débats en séance publique. Encore une fois, le propos n'est pas ici de contester *a priori* une telle méthode, mais d'en interroger les incidences, notamment sur la cohérence même de la conception de la représentation que promeut et veut incarner une telle convention citoyenne, en opposition, ou à tout le moins en décalage, par rapport à la représentativité contestée de nos Assemblées législatives et dont nous essayons au contraire de décrire la cohérence et les acquis de siècles d'expérience.

Cette question de la division est donc un point qui interroge à la fois la conception de la représentativité d'une assemblée et sa bonne organisation, son fonctionnement. Cette division redouble en quelque sorte le processus de délégation, qui n'est qu'une réponse à l'inévitable division du travail démocratique comme il en va de toutes les autres fonctions dans notre société. Et le nombre de 150 membres de la convention est peut-être le seuil maximal pour l'organisation d'une délibération. À dire vrai, notre expérience tendrait plutôt à considérer qu'un tel nombre est déjà bien trop élevé. Lorsqu'il s'agit de discuter article par article, alinéa par alinéa, amendement par amendement, d'un projet de loi, jamais 150 députés ne peuvent être réellement et constamment actifs, sauf à risquer de faire perdre toute cohérence à la discussion.

En ce sens, les règles permettant de limiter le nombre d'orateurs sur un amendement sont à la fois une procédure d'ordre pour limiter d'éventuelles pratiques d'obstruction, mais aussi un outil nécessaire, à condition d'être utilisé avec mesure, à la clarté des débats.

De même qu'aucune entreprise n'organiserait une réunion de 150 de ses spécialistes pour relire ligne à ligne et reprendre point par point un long contrat avec un client ou fournisseur, une assemblée ne peut pas conduire le détail de l'examen d'un projet de loi à 150. En ce sens, il est heureux que même en séance, les députés soient ordinairement bien moins que 150 pour mener ce travail.

À l'inverse, ce nombre de 150 est probablement (très) insuffisant pour prétendre atteindre une représentation sociologique de la population française, si nous le comparons à la dimension des panels devant être constitués pour réaliser des sondages de qualité qui mobilisent au minimum un millier de personnes.

Les enjeux de cette question de la «division du travail», des conventionnels répartis en groupes de travail, semblent bien faire échos à ces questions pratiques, mais le parallèle avec le travail en commissions dans les assemblées parlementaires pourrait sembler trop rapide et *in fine* injustifié, au regard de deux conceptions différentes de la «représentativité» de ces assemblées, ainsi que du fait de l'économie globale de l'organisation du travail qui conduit dans nos Assemblées, sauf exception de l'adoption rare de la procédure de législation en commission, à un examen complet en séance plénière.

Nous pourrions continuer à pointer les différences qui conduiraient à dresser deux portraits ayant en définitive peu de ressemblances, par exemple sur les processus de spécialisation de certains membres de ces assemblées. Si ces phénomènes existent bien dans chacune au regard des exemples qui sont rapportés, la composition, le temps et les conditions d'exercice de leur mandat par les conventionnels d'une part et les parlementaires d'autre part, semblent pouvoir recouvrir, sous le même vocable de «puissants pôles d'autorité», des réalités très différentes.

Ceci étant dit, de nombreux aspects du processus de la convention citoyenne laissent transparaître le travail de ces questions d'autonomie et de division.

Les rencontres, élaborations de stratégies, « au bar de l'hôtel » où étaient logés les conventionnels, ne sont pas sans faire penser à ces clubs qui structuraient, préparaient, sur le fond comme sur la forme, la vie de nos premières assemblées. Le processus de constitution d'un corps politique, avec différents organes, semble bien avoir été amorcé malgré des empêchements.

Un troisième domaine d'interrogation porte sur les questions de déontologie. C'est la première que nous avons rencontrée lors de notre exploration des règles organisant le travail parlementaire. Et nous avons vu qu'elle pouvait en réalité être regardée comme la règle qui définit le cœur du mandat que nous confions à nos représentants. Celle de la prévention des conflits d'intérêts, de manière à garantir la pleine liberté de chaque expression et de chaque vote. Mais cette situation ne saurait concerner que les seules personnes élues. Nous pouvons toutes et tous nous retrouver dans un tel conflit. L'absence de prévention de ceux-ci dans le fonctionnement de la convention questionne. Les citoyens tirés au sort seraient-ils considérés comme naturellement exempts de tels risques ? Ou, à l'inverse, la libre intervention d'une pluralité d'intérêts par l'intermédiaire de ce panel « représentatif » serait-elle considérée comme le cœur même de la représentativité du processus ? Mais alors, une telle approche n'aurait-elle pas dû se construire sur la base de déclarations d'intérêts à même de vérifier cette pluralité et l'équilibre de ceux ainsi « représentés » ? Sachant que la situation sociale, économique, d'une personne, ne peut en aucun cas suffire à décrire ses « intérêts ». Que sait-on par exemple des situations professionnelles des membres de la famille des conventionnels et qui sont très naturellement susceptibles d'influer sur une prise de position, alors que ce sont des informations que doivent livrer les députés ?

Si l'on retrouve dans ce fonctionnement des points communs avec les assemblées parlementaires, dans le recueil large des avis et expertises, y compris auprès d'acteurs ayant des intérêts dans les sujets traités, à condition que cela soit connu, sous la forme d'auditions, la traçabilité de ces avis s'ils venaient à intégrer une proposition, la faculté de déport, c'est-dire de ne pas prendre part à un vote — sur des délibérations et votes de certains membres de la Convention, sur des points précis où eux-mêmes s'estiment en conflit d'intérêts —, semblent des règles essentielles tant pour la qualité démocratique de nos décisions que pour la qualité intrinsèque de celles-ci. Et rappelons que, comme nous l'avons vu, le code de déontologie des députés ne vise à ce que des intérêts ne puissent pas «influencer» ni «paraître influencer», les décisions. Sujet essentiel pour la confiance dans nos institutions. Et tout particulièrement sur les enjeux environnementaux et plus généralement sanitaires, qui ont de toute évidence donné lieu depuis plusieurs décennies à des stratégies d'influence massives d'intérêts économiques considérables qui ont très probablement réussi à peser de manière très néfaste sur nos prises de décisions collectives et dont nous payons aujourd'hui les conséquences, qui sont elles-mêmes à l'origine de la nécessité d'initiatives comme la Convention citoyenne pour le climat.

Ces questions d'organisation de telles conventions citoyennes, ou plus encore d'une chambre citoyenne permanente comme cela est appelé de leurs vœux par certains de ses promoteurs, sont d'autant plus importantes qu'elles feront retour sur l'ensemble de notre équilibre institutionnel et pourraient très facilement aggraver la faiblesse du Parlement. En effet, un quelconque gouvernement pouvant déposer un projet de loi tout en se prévalant de la légitimité renforcée d'une procédure de consultation ou délibération citoyenne disposera d'une force supplémentaire pour éteindre toute contestation et même délibération parlementaire sérieuse.

Notre conviction est que ces différentes modalités d'organisation d'une délibération démocratique ont à apprendre les unes des autres. Nos assemblées gagneraient à revoir assez régulièrement, plus encore qu'elles ne le font, certains points de leur organisation. Et peut-être avant tout les règles encadrant leurs conditions de délibération, afin que pour elles aussi, les avis de leurs membres puissent réellement être différents à la fin d'une délibération par rapport aux positions d'entrée. Car si l'histoire de l'organisation de nos assemblées recèle des acquis essentiels et probablement incomparables s'agissant des voies et moyens visant à assurer la division et l'équilibre des pouvoirs, la division d'un corps politique et son organisation interne, il ne va aucunement de soi qu'elles puissent se prévaloir d'une expertise exclusive ni même incomparable s'agissant de l'organisation d'une délibération. L'équitable prise de parole de tous, le sens de l'écoute, s'ils sont formellement inclus dans les règles de nos assemblées, ne sont en vérité pas cultivés, réduisant bien souvent chaque parlementaire à une voix qui compte plutôt qu'à une voix qui conte.

Ce qui nous conduit à un quatrième point de comparaison entre les fonctionnements de l'Assemblée nationale et de la Convention citoyenne pour le climat, sur un autre aspect essentiel que nous avons longuement rencontré et utilisé, à savoir la publicité des travaux.

En effet, il aurait probablement été particulièrement intéressant de pouvoir accéder aux comptes-rendus intégraux des débats de la Convention, comme il est instructif de lire les débats en commission ou en séance pour comprendre un vote, l'ajout ou la suppression d'une disposition à un texte, afin que sa délibération spécifique puisse tout à la fois apparaître au regard des parlementaires et enrichir, instruire, leur propre délibération. Peut-être que la richesse essentielle d'un tel exercice se trouve dans ces comptes-rendus qui rendent probablement compte de la spécificité de cette délibération au regard de celles qui peuvent se tenir dans nos Assemblées. C'est en accédant à ces comptes-rendus intégraux que nous pourrions avoir accès à l'intention de la Convention, de même que l'intention du législateur est recherchée par les juges, juristes et citoyens curieux, dans les comptes-rendus des débats parlementaires. Cela serait assez cohérent s'agissant d'une procédure à vocation délibérative, une démarche plus consultative ayant probablement, quant à elle, peu de chose à livrer hormis ses résultats.

S'agissant de la Convention citoyenne pour le climat, le plus important était-il de rendre partiellement publics ses débats en direct, ou n'aurait-il pas été beaucoup plus utile de retranscrire intégralement ceux-ci pour les livrer en annexe du rapport, comme cela se fait également dans des rapports de commission parlementaire et en tout état de cause via des comptes-rendus intégraux accessibles librement ? Une procédure de délibération en comité secret, mais accompagnée d'une ouverture publique de ces délibérations dès la publication du rapport de la Convention, aurait peut-être pu être envisagée ? Ainsi les risques craints par certains de pressions sur les membres de la Convention auraient été atténués, mais la spécificité de cette délibération citoyenne aurait trouvé à se diffuser. Nous pourrions même envisager une anonymisation des propos dans les comptes-rendus, ce qui ne pourrait se concevoir dans le cadre de comptes-rendus de délibérations parlementaires. Plus que ses conclusions, peut-être que ce sont les cheminements de sa délibération qui constituent l'acquis le plus innovant et le plus enrichissant pour notre processus normatif global.

Par ailleurs, les conventionnels se sont trouvés confrontés à la sempiternelle question du temps, récurrente également dans le travail parlementaire comme nous avons pu le voir, alors même que le Gouvernement peut tout à la fois se donner tout le temps qu'il veut pour préparer dans l'ombre et avec l'armée de ses administrations ses propres projets de loi, et imposer des délais impossibles aux parlementaires, tout en se plaignant de la (fausse[45]) lenteur du Parlement. Et s'il faut bien un terme à une délibération politique pour faire face à la nécessité de décider et d'agir, là encore, il conviendrait que l'organe délibérant puisse décider des contraintes qu'il se donne librement à lui-même.

Division du corps législatif, déontologie, autonomie, organisation et durée de la délibération, publicité des travaux, sont donc des enjeux essentiels tant de l'organisation d'une assemblée représentative comme l'Assemblée nationale que d'une assemblée citoyenne comme la Convention citoyenne pour le climat.

L'histoire de l'organisation de nos Assemblées, qui s'est notamment sédimentée dans leurs règlements successifs, devrait être

---

45. « De fait, les comparaisons internationales relativisent les accusations de lenteur parfois formulées contre le Parlement français. Le délai moyen, en France, d'adoption des projets de loi, hors lois de finances, lois de financement de la Sécurité sociale et conventions internationales, est de 149 jours. Cette durée est inférieure à celle qui a cours au Royaume-Uni (164 jours), en Italie (180 jours), aux Pays-Bas (environ 400 jours) et en Suisse (481 jours). Elle est comparable aux durées moyennes d'adoption des lois en Irlande (147 jours), en Belgique (149 jours) et en Allemagne (156 jours). Seuls les parlements monocaméraux ont une procédure législative significativement plus rapide : la Hongrie (34 jours), le Danemark (64 jours), la Suède (72 jours) et la Norvège (86 jours). » : Assemblée nationale, XIVe législature, Rapport 3100, « Refaire la démocratie », p. 90.

regardée avec attention et précaution avant que l'esprit du temps ne conduise à jeter le bébé d'un système électoral représentatif avec le bain de ses modes d'organisation, surtout si une telle évolution devait être conduite à l'initiative d'un quelconque pouvoir exécutif.

En effet, si cette complexification possible de nos procédures délibératives peut être un heureux moyen d'enrichissement de notre démocratie, d'un accroissement de la qualité et de la légitimité des décisions publiques et des lois, il apparaît également que des mésusages de ces procédures pourraient tout aussi bien concourir à un résultat inverse. Le risque existe de l'affaiblissement d'un principe démocratique essentiel, peut-être plus fondamental encore que les questions de représentation, celui de la division des pouvoirs. Par un affaiblissement accru du Parlement en le subdivisant lui-même, nous permettrions à un gouvernement de jouer une sous-partie de celui-ci contre telle autre, l'Assemblée nationale pour ne pas la nommer.

Par ailleurs, si nous nous interrogeons aujourd'hui sur ce qui pouvait être attendu d'un exercice comme la Convention citoyenne pour le climat, qu'il s'agisse de la construction de décisions publiques légitimes, de la production de propositions inédites, d'accroître le « sentiment de représentation » des Françaises et des Français, de répondre à une demande d'expression et de délibération collective, rien dans la société française ne semble indiquer une modification substantielle des degrés de satisfaction sur ces items.

Alors ? Trop lent, trop coûteux, trop opaque, pas assez représentatif, notre Parlement ? Le cœur mort d'une démocratie morte ? À entendre les propositions pour en réduire le nombre de membres, pour en limiter le droit d'amendement, pour en raccourcir les délais d'examen des textes, pour le contourner avec des référendums directs ou des conventions citoyennes, le verdict semble rendu.

Mais en sommes-nous si assurés ? Le petit examen que nous venons de faire d'une expérience de convention citoyenne au regard d'exigences qui traversent le fonctionnement d'une assemblée représentative doit au moins nous arrêter et nous pousser à regarder de plus près le fonctionnement de celle-ci.

Nous y revenons. Comment fabrique-t-on de la représentativité, de la légitimité démocratique, de l'équilibre et du contrôle des pouvoirs ?

Nous élisons des représentants et n'en avons pas le choix, ne pouvant toutes et tous nous consacrer à cette fonction politique. Le mode d'élection, ou bien encore un tirage au sort ne changeront rien à cette affaire. Nous nous soucions de leurs qualités et défauts, nous nous interrogeons sur leur mode de désignation, sur leurs droits et devoirs, sur leurs indemnités, *etc.* Mais nous intéressons-nous à l'organisation de ce travail parlementaire ?

Nous nous déléguons les uns aux autres des pans entiers de la production de biens et services essentiels à nos vies et comptons sur la probité et la conscience de toutes et tous, sur des règles de contrôles, organismes de contrôles, responsabilités légales, pour que ces biens et services soient conformes aux attentes et non nuisibles. Mais s'agissant de la production de nos lois, de notre représentation, l'œil du peuple devrait s'attacher, non pas tant à essayer de percer les intentions supposées des représentants, mais plutôt les mécanismes et le fonctionnement quotidien de la machine à produire ces lois et cette représentation.

Ce petit livre est une bouteille jetée sur la mer quelque peu agitée de notre démocratie parlementaire, où nous avons proposé à chacune et chacun un parcours dans le fonctionnement de cette institution clé de notre démocratie. Un parcours qui n'a pas été une simple visite, mais qui voulait donner à chacune et chacun les clés lui permettant d'y intervenir, pour exercer pleinement son pouvoir de législateur dans le cadre d'une démocratie représentative.

Le cœur de ce propos est à la croisée d'une espérance, celle d'institutions démocratiques qui sachent s'adapter à des contraintes, urgences et exigences nouvelles, et d'une crainte, celle d'une société qui, dans ce moment de fortes tensions et contraintes, passe par pertes et profits les trésors d'innombrables acquis et expériences de notre histoire parlementaire pour institutionnaliser et organiser la réalisation de principes démocratiques essentiels, comme la séparation des pouvoirs, une délibération pluraliste, une déontologie exigeante, une reddition des comptes et une responsabilité indissociables de l'exercice d'un mandat, la transparence de la délibération démocratique, *etc.*

Pour paraphraser Pascal, c'est en tenant les deux bouts de notre histoire démocratique, la participation et la délibération du plus grand nombre d'une part, l'organisation d'institutions représentatives assurant la division, l'équilibre et le contrôle des pouvoirs d'autre part que nous referons la grandeur de notre démocratie.

Remerciements

Je n'aurais pu écrire ce petit livre qui essaie de partager à chacune et chacun la découverte en plus de seize années du fonctionnement réel, concret, quotidien, de l'Assemblée nationale, porté par la conviction que cette institution au cœur de notre démocratie peut en redevenir le cœur battant, la véritable Maison du peuple, sans la confiance que m'ont accordé successivement pour les accompagner dans leur mandat deux députés particulièrement investis, Dominique RAIMBOURG, de 2007 à 2017, membre puis président de la commission des Lois, et Boris VALLAUD, député depuis 2017 et président d'un groupe parlementaire depuis 2022. Ils savent la reconnaissance qui est la mienne à leur égard.

Sans qu'il me soit ici possible de les nommer toutes et tous, je dois aussi remercier avec une très grande gratitude mes collègues, collaboratrices et collaborateurs auprès de Dominique RAIMBOURG (Véronique, Christine, Guy et Mathilde) et Boris VALLAUD (Séverine, Magali, Edith, Carole, Nicolas et Nina), les conseillères et conseillers de leur groupe parlementaire, de très nombreux collaborateurs et nombreuses collaboratrices d'autres députés, les administrateurs et administratrices de commissions auprès desquels j'ai tant appris notamment au sein de la commission des Lois de 2012 à 2017, et l'ensemble des personnes qui œuvrent au quotidien au sein de cette si surprenante Assemblée nationale.

www.ingramcontent.com/pod-product-compliance
Lightning Source LLC
LaVergne TN
LVHW012038070526
838202LV00056B/5528